理解学生

中小学教师如何开展学生学习研究（通识篇）

李艳璐　著

华东师范大学出版社

·上海·

图书在版编目（CIP）数据

理解学生：中小学教师如何开展学生学习研究. 通
识篇/李艳璐著. —上海：华东师范大学出版社，
2025. —ISBN 978 - 7 - 5760 - 6280 - 9

Ⅰ. G632. 0

中国国家版本馆 CIP 数据核字第 2025HZ6034 号

理解学生：中小学教师如何开展学生学习研究（通识篇）

著　　者　李艳璐
责任编辑　彭呈军
特约审读　单敏月
责任校对　江小华
装帧设计　郝　钰

出版发行　华东师范大学出版社
社　　址　上海市中山北路 3663 号　邮编 200062
网　　址　www. ecnupress. com. cn
电　　话　021 - 60821666　行政传真 021 - 62572105
客服电话　021 - 62865537　门市（邮购）电话 021 - 62869887
地　　址　上海市中山北路 3663 号华东师范大学校内先锋路口
网　　店　http：//hdsdcbs. tmall. com

印 刷 者　上海颛辉印刷厂有限公司
开　　本　787 毫米×1092 毫米　1/16
印　　张　12.25
字　　数　183 千字
版　　次　2025 年 7 月第 1 版
印　　次　2025 年 7 月第 1 次
书　　号　ISBN 978 - 7 - 5760 - 6280 - 9
定　　价　48.00 元

出 版 人　王　焰

上海市教育科学研究一般项目

"教师的学生学习研究：内容建构与方法应用"（编号：C2022135）研究成果

前　言

学习伴随人的一生,中小学是人生学习的重要阶段。开展学生学习研究既是中小学教师开展教育教学研究的重要命题,也是促进教师自身专业发展的应有之义。《理解学生:中小学教师如何开展学生学习研究(通识篇)》和《理解学生:中小学教师如何开展学生学习研究(实践篇)》是上海市教育科学研究项目的研究成果,研究团队尝试建构既遵循学理逻辑又贴近教师实际需求的学生学习研究内容框架,同时探索提供科学适切的方法工具和典型案例。通识篇的重点在于概览式的简明介绍,实践篇的重心在于操作性的实践落地,二者共同服务于中小学教师的学生学习研究。

《理解学生:中小学教师如何开展学生学习研究(通识篇)》包括四大块面内容:第一章为学生学习研究的通识介绍,主要分析了学生学习研究的概念内涵、价值意蕴、研究脉络和国际视角等;第二章为学生学习研究的内容建构,分别从素养培育导向、学习要素分解、学习过程视角三个维度来建构学生学习研究的内容框架;第三章为学生学习研究的主要方法,既有对我们教师耳熟能详的一些方法的通识分析,又有对话语分析、视频研究、学业述评、马赛克法等相对较新的方法介绍,同时也关注了以学生学习为中心的课例研究,以及基于设计的研究(DBR)和基于设计的实施研究(DBIR)等研究范式;第四章为学生学习研究的成果表达和推广应用,对以学习为中心的课例研究报告撰写以及相应成果的转化应用等进行了探讨。鉴于《理解学生:中小学教师如何开展学生学习研究(实践篇)》的主要内容在其前言部分会有相应介绍,在此不再赘述。

在上述基础上,《理解学生:中小学教师如何开展学生学习研究(通识篇)》和《理解学生:中小学教师如何开展学生学习研究(实践篇)》探索做出一点努力和呈现一定特点,主要体现在以下三个方面:

一是关注时代性。一方面关注了 21 世纪的学习概念、学习科学研究的最新进展和研究范式，比如从基于设计的研究（DBR）走向基于设计的实施研究（DBIR）等；另一方面关注了《普通高中课程方案和课程标准（2017 年版 2020 年修订）》和《义务教育课程方案和课程标准（2022 年版）》等"双新"对于核心素养培育的改革要求，具体如对项目化学习、跨学科主题学习等综合学习方式的倡导；同时，也对人工智能（AI）赋能学生学习研究进行了探讨。

二是注重循证性。研究团队研制了中小学教师开展学生学习研究现状的调查问卷，对上海市的 8 个区域（4 个中心城区、2 个近郊区域、2 个远郊区域）进行了抽样调研，共有 48 所学校的 2 203 名教师参加了问卷调查，相关调研数据信息的采集与分析为中小学教师开展学生学习研究的内容建构与方法应用提供了实证依据。

三是强化实用性。中小学教育科研具有问题导向和实践指向，因而从更加关注实用性和操作性的维度出发，探索为中小学教师开展学生学习研究提供相对简明的内容框架，提炼教师开展学生学习研究的主要路径、方法技术和核心经验等，并开发一系列中小学教师开展学生学习研究的实践案例。

这两本书的出版应该感谢很多人：感谢华东师范大学、上海师范大学、上海市教育科学研究院、上海市教师教育学院等专家学者的专业指导；感谢上海市杨浦区教育学院领导和同仁的大力支持；感谢基层学校校长和教师们的实践投入；尤其要感谢华东师范大学出版社教育心理分社彭呈军社长的专业指导与鼎力支持！

教育是当下的力量，也是未来的力量。最大程度地促进学生学习，培养面向未来的学习者，我们教师自身也是学习者，学习一直在路上。

目　录

第一章
学生学习研究概述

　　学习伴随人的一生。在日常生活中，"学习"无疑是个高频词。然而，对于什么是学习、学习的本质是什么、学习的影响因素有哪些，以及如何促进学习，人们很少有所思考并做出明确回答。最大程度地促进学生学习是我们教育工作者的重要使命。只有了解学习的本质特征、学习的实现机制、影响学习的诸多因素，我们才可能更有效地促进学生学习。

第一节
学生学习研究的概念内涵

一、什么是学习

学习具有复杂性和多面性,是一个宽广领域和复杂范畴。讨论学习并不是一件简单的事情,心理学家、教育学家、脑科学家、社会学家等等都有自己的理解与界定。一般而言,学习是有机体适应环境的手段,既包括人类的学习,也包括动物的学习。学习是生物的根本特性,被写入了生物的遗传基因,生物通过学习不断适应各种各样的生活环境。① 学习发生于生命有机体中的任何导向持久性能力改变的过程,这些过程的发生并不单纯是生理性成熟或者衰老机制的原因。②

从心理学的角度而言,学习是指学习者因经验而引起的行为、能力和心理倾向的比较持久的变化。③ 学习是主体与环境相互作用所引起的能力或行为倾向的相对持久变化。④ 这些变化不是由成熟(生理的发展)、疾病或者药物所引起的,而且不一定会表现出外显的行为。

从脑科学的角度来看,学习作为大脑的一种工作机制,在神经元(脑细胞)之间策略性地建立连接,从而提升大脑执行任务的能力。

① 安德烈·焦尔当. 学习的本质[M]. 杭零,译. 上海:华东师范大学出版社,2015:54.
② 克努兹·伊列雷斯. 我们如何学习:全视角学习理论[M]. 孙玫璐,译. 北京:教育科学出版社,2014:3.
③ 施良方. 学习论[M]. 北京:人民教育出版社,2001:5.
④ 吴红耘,皮连生. 学与教的心理学(第六版)[M]. 上海:华东师范大学出版社,2020:80.

基于学习的种种定义可以看出,学习的本质是个体为适应环境而主动或被动发生的适应性改变。概括而言,上述界定涵盖了以下三个共同要点:一是学习者变化的原因是主体与环境之间的相互作用,即是学习经验的获得与迁移;二是学习者的变化是心理、能力或行为的综合变化;三是学习者的这种变化不是一种暂时变化,而是相对持久的长期变化。

专栏 1-1　　学习理论的主要流派

　　学习理论是心理学的一门分支学科,是对学习规律和学习条件的系统阐述,它主要研究人类与动物的行为特征和认知心理过程。[①] 当代学习理论的一个趋势是关注学生在学校里的学习。学习理论的不同流派从不同视角揭示了学习的性质,为我们研究学习提供了多元视角和研究框架。

　　从简洁便捷的角度出发,学习理论主要包括行为主义学习理论、认知主义学习理论、建构主义学习理论三大流派。行为主义学习理论、认知主义学习理论和建构主义学习理论呈现了从"外部控制"到"内在心智"再到"主动建构"的学习观演变。

表 1-1　学习理论的主要流派

理论流派	代表人物	核心观点
行为主义 （20 世纪初至 1950 年代）	● 伊万·巴甫洛夫（Ivan Pavlov）：经典条件反射 ● 约翰·华生（John B. Watson）：行为主义理论创始人 ● B. F. 斯金纳（B. F. Skinner）：操作性条件反射	● 学习是外部刺激与行为反应之间的联结。 ● 强调环境对学习行为的塑造,关注输入与输出,忽视内部心智过程。 ● 示例:教师可以通过反复练习（机械训练）、奖惩机制建立学生学习的行为模式。

---

① 施良方.学习论[M].北京:人民教育出版社,2001:5.

理论流派	代表人物	核心观点
认知主义 （1950 年代至 1980 年代）	• 让·皮亚杰（Jean Piaget）：认知发展阶段理论 • 杰罗姆·布鲁纳（Jerome Bruner）：发现学习理论 • 戴维·奥苏贝尔（David Ausubel）：有意义学习理论	• 学习是内部心理结构的主动建构过程。 • 强调学习者对信息的组织、存储和提取（图式或认知地图），关注记忆、思维、信息处理等认知活动。 • 示例：教师可以用思维导图帮助学生建立知识点之间的逻辑联系，形成知识网络。
建构主义 （1980 年代 至今）	• 让·皮亚杰（Jean Piaget）：个体建构理论 • 列夫·维果茨基（Lev Vygotsky）：社会文化理论（最近发展区、脚手架） • 冯·格拉塞斯费尔德（Ernst von Glasersfeld）：激进建构主义	• 学习是基于经验主动建构意义的过程。 • 强调学习情境（真实问题）和社会互动（合作学习）对知识建构的影响，认为知识不是被传授的而是被创造的，伴随新经验不断得到修正。 • 示例：学生通过项目化学习或讨论反思在具体情境中解决真实问题并重构认知。

二、21 世纪的学习概念

学习的概念也是不断发展的。伴随着学习理论和学习科学的进展，国内外研究者们对学习有了新的认识和理解，并提出了更为主动的学习概念。

我国学者杨向东教授在"21 世纪学习与测评译丛"总序中认为，21 世纪的学习具有如下特征①：(1)主体驱动性(agency-driven)，人具有内在的发展需求，是能动的学习者，而非被动接受客观的知识。(2)情境化(situated)：知识呈现于相关的情境中；通过情境活动发现并掌握知识。(3)具身性(embodied)：学习并非外部世界的心理表征，只

① 鲍勃·伦兹，贾斯廷·威尔士，莎莉·金斯顿. 变革学校：项目式学习、表现性评价和共同核心标准［M］. 周文叶，盛慧晓，译. 长沙：湖南教育出版社，2020：2.

需依赖知觉和理性即可把握;学习是在学习者(身心)与世界互动的过程中展开的。(4)社会文化限定性(social-culturally shaped):学习始终是在特定社会和文化场域中发生的实践活动;社会互动和协作不仅是促进学习的影响因素,更是学习的本质所在;文化形成于并反过来塑造了学习者的活动、观念(知识)和情境。

国外学者认为 21 世纪的有效学习具有以下四大关键属性[①]:建构性(constructive)、自主调控性(self-regulated)、情境性(situated)和协作性(collaborative),并将之概括为 CSSC。具体而言,建构性是指学习者是主动建构知识和技能等;自主调控即学习者运用不同策略进行学习;情境性是指知识在具体情境中更容易被理解,学习嵌入在社会情境之中;协作性是指学习并非个体的行为,具有个体和社会的双重属性。具备上述四大属性的有效学习可以促进适应性能力或者 21 世纪能力的发展。

目前,国内外学者对于 21 世纪的学习达成以下基本共识:学习是个体与环境(物理环境、社会环境、文化环境)互动的动态过程,既是对客观世界的认知适应,也是主观意义的主动建构。学习是个体实现成长、适应社会的核心能力。

结合 21 世纪的学习概念,我们更需要关注学习的建构本质,即在关注学习的生物维度的同时,更加关注学习的社会与文化维度。从很大程度上讲,只有将知识应用于新情况或新问题,只有让学生对他们认为重要的话题或问题进行研究,只有让学生展开同学之间的互动、活动、项目,才能获得长久持续的学习效果。[②]

三、学生学习研究是什么

(一) 学生学习

我们经常会产生这样那样的疑问:什么是学生学习,在学校场景中的学习与非正

---

① 汉纳·杜蒙,戴维·艾斯坦斯,弗朗西斯科·贝纳维德.学习的本质:以研究启迪实践[M].杨刚,等译.北京:教育科学出版社,2020:22.
② 托尼·瓦格纳,泰德·丁特史密斯.为孩子重塑教育:更有可能成功的路[M].魏薇,译.杭州:浙江人民出版社,2017:8.

式的学习有哪些不同？为什么不同的学生学习同样的课程，同时完成同样的作业，但是学习效果却大相径庭？

学生学习是指在教育系统中以学生为主体，在教师引导下通过有目的、有计划、有组织的专门化教育活动，从而获取知识与技能、发展情感和社会适应性的过程。与人们日常生活中的学习有所不同，学校场景中的学生学习通常作为一种正式学习而存在。学校场景中的学生学习更加强调学习目标的预设性、学习过程的规范性和学习结果的可评估性等，是个体化和社会化的有机统一。

（二）学生学习研究

学习研究是分析学习现象、聚焦学习问题、探讨学习机制、总结学习规律、阐释学习本质的研究活动。[①] 学生学习研究，探索并揭示"为何学""如何学"的基本规律，有助于架起学习理论与教学实践的桥梁，改进课堂教学效能，提升教育教学质量。

本书中的学生学习主要是指中小学学生在学校场景中的课堂学习。这里的学生学习研究既包括中小学教师在教育教学工作中对学生学习所进行的学情分析、观察记录、教学反思等活动，也包括以学生学习为主题所开展的课题研究和项目研究等。

中小学教师的学生学习研究与教育理论学者的学理研究有所不同。从研究主体、研究取向、研究内容、研究方法等若干维度，可以对中小学教师的学生学习研究尝试做如下阐释和解读。从研究主体看，主体既可以是中小学教师，也可以是由一线教师、教研员（科研员）、专业研究者构成的研究共同体；从研究取向看，秉持研究的实践取向，旨在通过学习研究改进教与学的实践，更多关注研究成果的实践转化与实践效能；从研究内容看，既包括关注学生学习的某一要素的解构性研究，也包括关注学生学习的整体性、动态性、交互性（互动性）的系统性研究；从研究方法来看，正在从思辨研究或经验研究走向实证研究，从单一的方法应用到思辨研究、定性研究与定量研究的综合运用。

---

① 陈娜. 学习研究的百年变迁与可能走向[J]. 南京师大学报（社会科学版），2021（02）：58—66.

学习是复杂动态的系统过程。美国教育研究学者罗伯特·马扎诺(Robert J. Marzano)提出了学习五维度理论框架。马扎诺将学习过程分为相互关联的五个维度:态度与感受(Attitudes and Perceptions)、获取与整合知识(Acquire and Integrate Knowledge)、扩展与精炼知识(Extend and Refine Knowledge)、有意义地运用知识(Use Knowledge Meaningfully)和思维习惯(Habits of Mind)。学习五维度的具体内容及维度说明如表 1-2 所示①:

表 1-2　学习的五维度

维度	维 度 说 明
维度一 态度与感受	态度和感受影响学生的学习能力。如果学生认为课堂是不安全的、无序的,那么他们的学习效率便会降低。同样地,如果学生对于课堂任务态度消极,他们便不会在其中付出多少努力。有效教学的重要因素之一在于帮助学生对课堂和学习抱有积极的态度和感受。
维度二 获取与整合知识	帮助学生获取和整合新知识也是学习的一个重要方面。在新信息的学习过程中,教师必须指导学生如何将新知识与他们已经掌握的内容联系起来,对新信息进行组织,并将它们发展成为长时记忆。在学生学习新技能和新操作时,他们需要掌握一个模型(或一组步骤)使得技能或操作实用且高效,最终达到内化或者熟能生巧的地步。
维度三 扩展与精炼知识	学习并不止于获取与整合知识,学习者需要在扩展和精炼知识的过程中发展深层次的理解(如作出区分、澄清错误与得出结论),可以借助一些常用的推理过程对所学内容进行深入分析,如比较、分类、抽象、归纳推理、演绎推理、提供支持、分析错误、分析观点等。

---

① 罗伯特·J.马扎诺,黛布拉·J.皮克林.培育智慧才能:学习的维度教师手册[M].盛群力,等译.福州:福建教育出版社,2015:5—6.

维度	维度说明
维度四 有意义地运用知识	最有效的学习发生于运用知识来完成有意义的任务。在学习的维度模式中,有六种推理过程可以与有意义地运用知识相适配:决策、问题解决、创见、实验探究、调研、系统分析。
维度五 思维习惯	最有效率的学生往往是那些已经形成强力思维习惯的学生,他们能够进行批判性思维、创造性思维,并实现行为调节。这些思维习惯包括:批判性思维(准确精到、清晰明白、思想解放、抑制冲动、自有主见、移情理解)、创造性思维(坚持不懈、竭尽全力、坚持己见、视野独特)。调节性思维(自我监控、合理规划、调用资源、回应反馈、评估效能)。

学习的五大维度不是孤立存在的,而是彼此关联的有机整体。所有的学习都基于学习者的态度与感受(维度一)以及有效的思维习惯(维度五)。消极的态度和感受会导致学习效率低下;而积极的态度和感受会促进学生学习,学习也会因此变得简单。同样,运用有效的思维习惯也能够促进学习。维度一和维度五是研究学习过程必须考虑的问题,所以图1-1将其置于基础的位置。有了积极的态度和感受以及良好的思维习惯做基石,学生在其他三个维度中的学习将更加高效。请注意图中代表维度二、三和四的三个圆环的相互位置:表示有意义地运用知识的圆环包含了其他两个维度(维度三和维度二);表示扩展与精炼知识的圆环又包含了获取与整合知识(维度二)。这说明了学生扩展与精炼知识的过程也是学生继续获取知识的过程,而有意义地运用知识的过程同样也是获取与扩展知识的过程。换句话说,各类思维之间的关系既不是割裂的,也不是线性的,它们之间既有互动,也可能同时在学习过程中呈现。①

---

① 罗伯特·J.马扎诺,黛布拉·J.皮克林.培育智慧才能:学习的维度教师手册[M].盛群力,等译.福建教育出版社,2015:7—8.

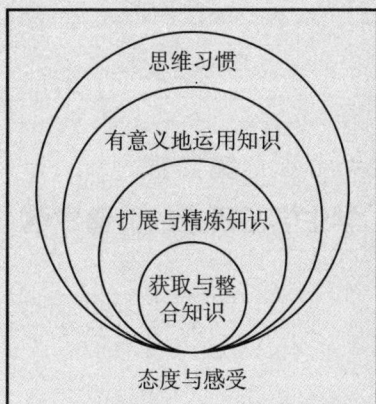

图 1-1　学习维度的互动模式

马扎诺的学习五维度理论,体现了一种整体学习观。作为一个综合性模型,学习五维度理论为聚焦学习、学习设计、课程开发、课堂实践和学习评估等提供了实用性参考框架,尤其适用于旨在培养高阶思维能力和解决复杂问题的教育教学场景。

第二节
学生学习研究的价值意蕴

一、国家教育政策的改革导向

随着《普通高中课程方案和课程标准(2017 年版 2020 年修订)》和《义务教育课程方案和课程标准(2022 年版)》、《教育部办公厅关于印发〈基础教育课程教学改革深化行动方案〉的通知》(教材厅函〔2023〕3 号)、《教育部 国家发展改革委员会 财政部关于实施新时代基础教育扩优提质行动计划的意见》(教基〔2023〕4 号)、《教育强国建设规划纲要(2024—2035 年)》等文件的相继颁布,"坚持素养导向、强化学科实践、推进综合学习、落实因材施教"的教学改革要求指引着教师思考如何在研究学生学习的过程中推进教与学的方式转型,从而实现学生发展核心素养和学科核心素养的全面发展。中小学教师对学生素养的培育和学生学习的研究被摆在了更加重要的位置。

《教育部关于加强和改进新时代基础教育教研工作的意见》(教基〔2019〕14 号)、《教育部关于加强新时代教育科学研究工作的意见》(教政法〔2019〕16 号)、《中共中央 国务院关于全面深化新时代教师队伍建设改革的意见》、《新时代基础教育强师计划》(教师〔2022〕6 号)、《中共中央 国务院关于弘扬教育家精神加强新时代高素质专业化教师队伍建设的意见》等文件的相继出台,标志着新时代国家对教师专业素养提出了崭新要求,上述文件指引着我们思考如何造就一支高素质专业化创新型教师队伍。

二、学习科学研究取得新进展

学习科学是一门研究人如何学习以及如何支持学习的学科。① 作为一个跨学科交叉领域,学习科学涉及认知科学、心理学、教育学、人类学、社会学、脑神经科学、计算机科学等学科领域,是上述学科领域的有机整合,具有多学科合作性。1991 年,国际学习科学学会(The International Society of Leaning Sciences,ISLS)召开的第一届学习科学国际会议(The International Conference of Leaning Sciences,ICLS)和《学习科学杂志》(*Journal of the learning Sciences*,*JLS*)的创刊,标志着学习科学(Learning Sciences)的正式诞生。②

如今,学习科学的研究队伍在不断壮大,学习科学的研究已经取得了相当大的进展,学习科学的影响力也在不断彰显。2006 年发行的《剑桥学习科学手册》(*The Cambridge Handbook of the Learning Sciences*),被称为第一部全面介绍学习科学研究的著作,同时作为大学学习科学课程教材使用。目前,《剑桥学习科学手册》(上、下两册)已经发行第 2 版,全面介绍了学习科学领域的研究进展,系统阐释了如何应用学习科学来设计有效的和创新的学习环境。③《人是如何学习的:大脑、心理、经验及学校(扩展版)》和《人是如何学习的Ⅱ:学习者、境脉与文化》被誉为学习科学研究的集大成之作,这两本书共同构成了学习科学领域的权威参考,分别代表了 20 世纪末和 21 世纪初的学习科学研究高峰。跨学科的合作为学习研究提供了新的视域和新的方法,有助于增进人们对学习本质、学习过程、学习效果的理解。然而,学校和教师在将学习科学的研究成果应用于教育教学的实践中还存在很大距离,尤其是把学习科学的研究发现和研究成果应用于课堂教学的实践路径和未来方向有待进一步探索。

---

① 弗兰克·费舍尔,辛迪·赫梅洛-西尔弗,苏珊·戈德曼,彼得·莱曼.国际学习科学手册[M].赵建华,尚俊杰,蒋银健,等译.上海:华东师范大学出版社,2022:13.
② 约翰·D.布兰思福特,等.人是如何学习的:大脑、心理、经验及学校[M].程可拉,孙亚玲,王旭卿,译.上海:华东师范大学出版社,2013:3.
③ 基思·索耶.剑桥学习科学手册(第 2 版)[M].徐晓东,等译.北京:教育科学出版社,2021:序言.

三、最大程度地促进学生学习

20 世纪 50 年代,美国心理学家卡尔·罗杰斯(Carl Rogers)首次提出"以学生为中心"的教育理念。"以学生为中心"强调以学生的学习和发展为中心,学生应由知识的被动接受者转变为学习的主体。随着心理学、脑科学、学习科学等学科领域研究的不断深入,研究者们也越来越意识到需要通过"以学生为中心"的教育教学改革和与之相伴随的学生学习研究来为教师赋能,从而更好地帮助和促进学生学习。

我国课堂教学正在从"教为中心"向"学为中心"转变已成为教育界的普遍共识。然而,真正走进课堂我们会发现,中小学课堂上普遍地存在以教师和学科内容为中心的教学,以学生为中心的课堂教学的转变依然不充分,课堂上以学生学习和发展为逻辑开展学科内容重构和教学建构的形态并没有形成。教师在进行教学设计的时候,往往只设计教学内容,而没有设计学生的学习过程和过程中的学习方法。教师缺乏对学生学习和整体发展的关注,无法建立起学科内容与学生学习发展的逻辑关系。换言之,教师在课堂教学中一味强调学科逻辑而不关注教育学和心理学的逻辑。这也表明了教师开展学生学习研究迫在眉睫,需要引领教师在理念认同的基础上让学生学习研究成为日常常态,内化践行至每天的教育教学实践中去,从而真正实现"以学为中心"的课堂。

四、教师专业发展的应有之义

20 世纪 70 年代,英国著名课程理论家劳伦斯·斯滕豪斯(Lawrence Stenhouse)在他的《课程研究和研制导论》一书中把"教师即研究者"作为主题并推广普及了这一概念。我国学者对于"教师即研究者"进行了中国化的解读和阐释,认为研究者是教师的本色,是教师职业生活的方式。

1985 年,美国学者舒尔曼(Lee S. Shulman)在美国教育研究协会(American Research Association)年会报告中首次提出学科教学知识(Pedagogical Content Knowledge,PCK)这一概念,PCK 是学科知识和教师教学知识的结合,是教师专业知识的关键组成部分。近年来，随着以学为中心、为学而教、以学定教等教育教学理念的逐步兴起与日益彰显，教师应该具有学生学习知识（Learnable Content Knowledge，LCK）成为重要命题。作为教师专业知识的一种新形态，LCK是学科知识和学生学习知识的结合，是教师专业知识的重要组成部分，具有重要的学术价值和实践价值。[1] 当下，从教学视角出发关注"教师如何教"的PCK走向从学习视角出发关注"学生如何学"的LCK成为教师专业知识发展的一种新方向。在这之中，学生学习研究在教师专业发展中的地位日益重要，是教师专业发展的重要内容和现实路径。

专栏 1-3　教育的四大支柱：四种学习

面向21世纪，教育既应提供一个复杂的、不断变动的世界地图，又应提供有助于在这个世界上航行的指南针。教育应该围绕以下四种基本学习加以安排，这四种学习将是每个人一生中的知识支柱。[2]

学会认知：学会学习，培养获取知识的能力。

学会做事：应用所学知识，适应职业发展与社会需求。

学会共处：形成理解他人和合作共处的能力，尊重多元文化与价值观。

学会生存：塑造独立人格，实现个人全面发展。

在任何一种有组织的教育中，上述每一种支柱都应该得到同等重视，使教育成为受教育者个人和社会成员在认识和实践方面的一种全面的、终身的经历。在终身学习情境下，我们应该从人的一生来思考学习。

---

[1] 曾文婕. 从课目教学知识到课目学习知识——教师专业知识发展的新方向[J]. 教育研究，2020，41(08)：142—149.

[2] 联合国教科文组织. 教育——财富蕴藏其中[M]. 联合国教科文组织总部中文科，译. 北京：教育科学出版社，2014：49—59.

第三节
学生学习研究的脉络梳理

一、学生学习研究的已有进展

国内学者对学生学习的研究自 20 世纪 50 年代始,从 1990 年开始呈现上升态势,到 2011 年到达本世纪初的顶峰。20 世纪 50 年代,国内学者大多从学生心理角度研究学生学习;20 世纪 60 年代,学者们开始关注在时代影响下教师如何激发学生积极性进而促进学生学习、塑造学生的世界观;20 世纪 70 年代,从教师的教学实践中研究学生学习的视角依然占据主流,同时也有学者开始从理论视角探索学生学习,试图从学生的观念角度进行研究;20 世纪 80 年代,研究者们更多注重对学生学习能力的培养研究以及教师教学法的更新研究,此外也出现了"教师研究学生的学习习惯以及学习环境"的文献,其中也涉及对学生学习潜力的探讨;20 世纪 90 年代至今,教师调动学生学习积极性始终是教师研究学生学习行为的主要议题,但与之前不同的是,越来越多的研究将教师专业发展与学生学习研究进行联结,教师开辟并发展出属于本学科赛道的学生学习研究,这对学科教师自身专业发展、素养提升具有重要意义。

通过中国知网(CNKI)检索可以发现,近二十年有关教师的学生学习研究发文量从 2001 年的 100 篇左右大幅攀升至 2011 年的 6 000 余篇,并高位维持至今,发文总量整体增长了 60 多倍。

（一）教师开展学生学习研究的内容指向

在学生学习研究的内容指向上，有研究者从教师教学与学生学习的关系视角展开研究分析，比如教师的教学策略与提高学生学习动机的关系[①]，教师的教学风格对学生学习成绩的显著影响[②]，师生互动对学生学习产生的影响[③]，等等。我国很多研究者探索建构了学生学习研究的内容框架，以下内容框架较为具有代表性：学生学习研究的三种内容取向[④]、LICC 范式中的学生学习观察五个视角和观察点举例[⑤]、以学生学习为中心的课堂观察五大内容[⑥]、以学生学习为中心的课堂研究框架[⑦]。

其一，基于学习要素视角的学习研究。有研究者根据教师、学生和教学内容这教学三要素，提出课堂学习过程应关注三个基本问题，即学生"愿不愿学""会不会学"和"能不能学"。与三个问题相呼应，课堂学习研究包括三种内容取向：聚焦于学习兴趣与学习动机研究的"动力中心"取向、聚焦于学习方式研究的"策略中心"取向和聚焦于学习对象研究的"内容中心"取向。[⑧]

其二，以学生学习为中心的课堂观察。华东师范大学崔允漷教授及其研究团队建构了课堂观察的 LICC 范式，即课堂教学由学生学习（Learning）、教师教学（Instruction）、课程性质（Curriculum）和课堂文化（Culture）构成，为教师开展课堂研究提供了 4 个维度、20 个视角和 68 个观察点。在这四个维度之中，学生学习维度处于框架的核心部分，具体包括准备、倾听、互动、自主和达成五个视角，并对相应观察点进行

① Zimmerman, Barry, J.. Becoming a self-regulated learner: which are the key subprocesses? [J]. Contemporary Educational Psychology, 1985, 11(4):307-313.

② Kagan, D. M.. Implications of research on teacher belief [J]. Educational Psychologist, 1992, 27: 65-90.

③ Hofkens, T., Pianta, R. C., Hamre, B.. Teacher-Student Interactions: Theory, Measurement, and Evidence for Universal Properties That Support Students' Learning Across Countries and Cultures [C]. Maulana, R., Helms-Lorenz, M., Klassen, R. M. (eds) Effective Teaching Around the World. Springer, Cham, 2023.

④ 林润之. 课堂学习研究的三种主要取向：来自学习过程的考察[J]. 教育发展研究, 2008, (10):48—52.

⑤ 沈毅, 崔允漷. 课堂观察：走向专业的听评课[M]. 上海：华东师范大学出版社, 2008.

⑥ 夏雪梅. 以学习为中心的课堂观察[M]. 北京：教育科学出版社, 2012.

⑦ 钟启泉. 课堂研究[M]. 上海：华东师范大学出版社, 2016.

⑧ 林润之. 课堂学习研究的三种主要取向：来自学习过程的考察[J]. 教育发展研究, 2008, (10):48—52.

了举例描述。《以学习为中心的课堂观察》一书从知识与技能类目标的达成、独立学习过程、合作学习过程、课堂中的积极学科情感和课堂中的社会关系等五大维度建构了以学生学习为中心的课堂观察框架。①

其三,以学生学习为中心的课堂研究。钟启泉教授在其专著《课堂研究》中,从问题学习、自主学习、协同学习、三维目标、课堂互动、课堂话语分析等视角,整体架构了以学习为中心的课堂研究视点。②

此外,还有很多研究者从学习的单一维度和具体要素出发,如学习兴趣的发展转化与动因分析、学习风格、学习目标和学习策略等方面开展了相关研究。

(二) 教师开展学生学习研究的主要方法

从学生学习研究的主要方法看,教师开展的学生学习研究既有思辨研究也有实证研究,实证研究是重要趋势。③ 教育研究的新方法和已有方法的新应用也在一定程度上助推了教师开展学生学习研究,主要涵盖以下两类:一类是描述学生学习的研究方法,比较有代表性的包括经济合作与发展组织(OECD)发起的教学与学习国际调查项目(TALIS)中的视频研究(TALIS Video Study,TVS)④,揭示真实课堂中师生互动话语和生生互动话语的主要特征与运作机制的话语分析⑤,以及描绘课堂学习中的学生认知实践、情感体验和人际交往等的描述性评论⑥。另一类是学生参与的学习研究方法,比较有代表性的有较大年龄学生参与学习研究的学生学习日志,以及面向言语能力有限的 5 岁以下幼儿的马赛克法。⑦

1. 描述学生学习的研究方法。(1)方法之一,话语分析。课堂话语是课堂互动的集中体现,没有话语方式的转变就不会有真正的课堂变革。话语分析已成为当今课堂

① 夏雪梅. 以学习为中心的课堂观察[M]. 北京:教育科学出版社,2012.
② 钟启泉. 课堂研究[M]. 上海:华东师范大学出版社,2016.
③ 宋萑,胡馨. 为未来而教:教师专业发展的时代命题[J]. 中小学管理,2022,09:10—14.
④ 王洁. 课堂视频分析:作为理解教学的工具[J]. 上海教育,2021,24:66—69.
⑤ 安桂清. 话语分析视角的课堂研究:脉络与展望[J]. 全球教育展望,2013,42(11):21—28+59.
⑥ 安桂清. 课例研究[M]. 上海:华东师范大学出版社,2018:90
⑦ 刘宇. 始于倾听,但不止于倾听——马赛克法运用中的问题与展望[J]. 教育家,2023,34:20—21.

研究的重要方法,可以揭示真实课堂中师生互动话语和生生互动话语的特征,以考察课堂互动话语运作机制等。① (2)方法之二,视频研究。经济合作与发展组织(OECD)发起的教学与学习国际调查项目(TALIS),在 2016 年新增了视频研究(TVS)方法,通过视频技术真实地记录课堂教学现场,为课堂教学研究提供丰富、客观的证据。② (3)方法之三,描述性评论。作为一种质性评价形式,运用描述性评论可以描绘课堂学习中的学生认知实践、情感体验和人际交往,理解和解释学习行为、想法和状态,据此对课堂教学作出非量化的评价与持续性改进。③

2. 学生参与的学习研究方法应用。学生参与的学习研究主要是指学生以研究主体、研究伙伴或合作研究者的身份参与有关学生学习的研究,适用于有一定语言表达能力和理解能力的学生。(1)方法之一,访谈法。访谈法是一种通过与学生进行面对面的交流来获取他们的观点、经验和反馈的方法。研究者可以设计开放式或半结构化的访谈问题,邀请学生分享他们的学习心得、困惑和建议。通过访谈,研究者可以深入了解学生的学习需求、学习动机以及他们对教学内容和方法的理解和评价。(2)方法之二,学生学习日志。学生学习日志是较大年龄学生参与学习研究的有效途径。有研究者应用学习日志研究法探究 CET 对非英语专业大学生课外英语学习的反拨效应。④ (3)方法之三,马赛克法。面向言语能力有限的 5 岁以下幼儿,有研究者运用马赛克法对儿童开展研究。综合运用观察、儿童拍照、图书制作、幼儿园之旅、魔毯、角色扮演、访谈等多种方式来聆听了解幼儿,更全面地描绘儿童及其生活世界的完整图景,并将其作为优化儿童发展与教育环境的出发点,使儿童成为研究的参与者。⑤

二、学生学习研究的可能走向

通过分析可以发现,国内外学者在学生学习研究对学生学习成长和教师专业发展

① 安桂清. 话语分析视角的课堂研究:脉络与展望[J]. 全球教育展望,2013,42(11):21—28+59.
② 王洁. 课堂视频分析:作为理解教学的工具[J]. 上海教育,2021,24:66—69.
③ 安桂清. 课例研究[M]. 上海:华东师范大学出版社,2018:90
④ 刘婧. CET 对非英语专业大学生课外英语学习的反拨效应对比研究——基于学生的学习日志[J]. 长春教育学院学报,2019,35(09):62—64.
⑤ 刘宇. 始于倾听,但不止于倾听——马赛克法运用中的问题与展望[J]. 教育家,2023,34:20—21.

的价值意义方面已经达成共识,并在学生学习研究的价值意义、研究取向、内容框架、主要方法等方面开展了大量研究。在信息技术、人工智能、学习科学飞速发展的时代背景下,教师的学生学习研究仍然存在着较大的发展空间,教师的学生学习研究品质仍有待提升,主要表现在以下三个方面。

(一) 扎根课堂教学现场,观照学生学习现状

学生学习是在具体情境中进行的,需要进一步扎根课堂教学现场开展学生学习研究。现有研究更多地从心理学视角出发来研究学生学习,对开展学生学习研究的情境性关注不够,忽视了学生学习情境的丰富性、多样性等,多是一种去情境化的研究。因而,学生学习研究需要扎根中小学课堂教学实践,在鲜活的教育现场和多样的学习实践中开展,充分体现出对学生学习真实情况和现实问题的观照。

(二) 拓宽学习研究视域,丰富学习研究内容

作为学生学习的引导者和学习研究的实践者,教师对学生学习研究既要传承前人的研究成果,并将其作为研究基础,同时不能囿于已有研究传统,需要积极关注新的研究热点。一方面,学生学习的复杂性要求我们打破心理学或教育学的单一学科视角,注重跨学科融合的研究视角。另一方面,在新课程、新教材改革背景下,学生学习的研究视域与研究方向也需要与时俱进,比如对跨学科主题学习的组织开展、对学习环境设计的关注、对学生学习差异的尊重满足等。

学生学习研究视域的拓展还需要关注学生学习过程的动态性和数智时代学习技术的应用与评估等方面。学生的学习是一个动态的过程,研究者可以通过长期追踪和多维度测量,深入了解学生学习过程的动态性,探讨学习过程中的关键节点和影响因素。随着信息技术和人工智能的发展,各种学习技术如在线学习、自适应学习系统、虚拟实验室等日益广泛应用于学生学习中。教师可以通过探索学习技术的有效性、评估其对学生学习的影响,并深入研究学习技术与学习策略的融合,从而提高学生学习效果和学习效率。

(三) 采用多元研究方法,提升学习研究品质

目前,中小学教师的学生学习研究所运用的工具方法相对单一。面对学生学习这个复杂的问题,单一的研究方法具有一定局限性,往往只描述了学生学习的一个方面,研究方法和研究路径有待丰富。现有研究多采用理性思辨、案例研究、日常经验判断的形式开展,个别研究采用了量化分析手段,采用定量研究或者定性研究与定量研究相结合的研究相对比较少。对于一些新兴研究方法教师在日常教育教学中使用率较低,缺乏对学生学习表现和学习信息的实证采集与全面分析的问题,学习研究的实证分析范式尤其需要关注。

未来,教师可以更多地采用视频录制课堂教学过程,并通过回放和细致观察来获取详尽的数据,分析教师和学生的互动、学生的表现和反应等,可以深入了解学生在课堂中的学习过程和行为特征。教师还可以采用课例研究的方法,通过选择具有代表性的课例,深入分析教师的教学设计、学生的学习情况以及教学效果等,通过详细描述和分析课堂情境的细节,揭示出学生学习的关键环节和难点,并提供针对性的改进建议。基于视频分析的课堂观察和课例研究等途径的广泛使用将会进一步帮助中小学教师开展学生学习的研究。

此外,对于一些新兴的研究方法,例如脑神经科学、大数据分析、机器学习等,也可以在学生学习研究中引入并加以应用。新兴方法可以为学生学习研究提供全新的研究视角和研究工具,这些拓展将有助于提升学生学习研究的深度和广度,从而帮助教师更好地理解学生学习过程、学习机制和学习规律等,为教育教学实践提供更为切实有效的指导与参照。

专栏 1-4	通往卓越教育的六个路标[①]

路标 1:教师是学习最大的影响因素之一。

---

① 约翰·哈蒂.可见的学习:最大程度地促进学习(教师版)[M].金莺莲,洪超,裴新宁,译.北京:教育科学出版社,2020:21.

路标2：教师需要具备指导性和影响力，并且能够以关爱、积极和充满热忱的态度参与教与学的过程。

路标3：教师需要知道班级中每一位学生的所思所知，能够依据对于学生的理解来建构意义和意义丰富的经验，同时教师要有丰富学识，理解所教的学科内容，能够为学生提供有意义的、适当的反馈，从而使每一位学生都能够随着课程水平的提高而逐步进步。

路标4：教师和学生需要知道他们课上的学习目标和成功标准，知道学生对这些标准的实现程度，以及指导下一步去哪里。下一步的行动应当依据学生的已有知识和理解与成功标准之间的差距而定。成功标准涉及"你要到哪里？""如何到达那里？""下一步去哪里？"

路标5：教师必须从单一观念转变为多元观念，并联系和扩展这些观念，引导学习者建构、再建构知识和观念。关键的不是知识或观念，而是学习者对这些知识和观念的建构。

路标6：学校领导者和教师需要在学校、办公室和班级创造这样的学习环境：错误是受欢迎的，因为它是学习的机会；抛弃不正确的知识和理解是受鼓励的；教师可以安心进行学习、再学习，可以探索知识和增进理解。

第四节
基于国际调查的多视角学习研究

我国长期对"如何教"非常关注,而对"如何学"则重视不够,导致对有关学习的最前沿成果了解不多,有关学习的研究开展也比较少。[①] 面对共性问题、比较政策经验、分享最佳实践和推动跨国经验借鉴是一条比较可行的路径。经济合作与发展组织(OECD)等国际组织先后启动了一系列全球教育测评项目,为探索中小学的教与学提供了国际视角和国际坐标。其中比较有代表性的是国际学生评估项目(PISA)和教学与学习国际调查项目(TALIS)。TALIS 与 PISA 具有关联性和互补性,共同构成观照"教与学"的双向数据参照。

一、国际学生评估项目(PISA)

(一) PISA 是什么

PISA(Program for International Student Assessment)是经济合作与发展组织(OECD)发起的国际学生评估项目。自 2000 年起,每三年开展一次,2015 年有 72 个国家和经济体参与测试,2018 年增至 80 个国家和经济体。PISA 的测评对象为即将完成义务教育阶段的 15 岁学生,PISA 关注学生的真实学习能力,主要测评该年龄段学生在

---

① 克努兹·伊列雷斯. 我们如何学:全视角学习理论[M]. 孙玫璐,译. 北京:教育科学出版社,2014:1.

阅读、数学、科学等领域的应用能力,以及跨学科素养(如金融素养、全球胜任力等)。

(二) PISA 的测评框架

PISA 测评项目主要涵盖阅读、数学、科学三大核心测评领域,并逐步延伸至跨领域能力和新兴素养等。

1. 核心测评领域

- 阅读素养:理解、应用和评价文本的能力,具体包括获取信息、解释文本、反思评价等。
- 数学素养:运用数学思维和数学方法解决实际问题,如数据分析、空间推理、数学建模等。
- 科学素养:理解科学概念,运用科学方法解释现象、设计实验、验证假设和评估证据等。

2. 跨领域能力与新兴素养

- 问题解决素养(2003 年引入):在复杂情境中分析问题、解决问题的能力等。
- 协作问题解决素养(2015 年引入):在团队合作中沟通、协调与共同决策的能力等。
- 全球胜任力(2018 年试点):理解多元文化,应对全球议题,如公平正义、气候变化的能力等。
- 数字素养与计算思维(2022 年强化):利用数字技术获取、评估和创造信息,应对数字化时代挑战等。

(三) PISA 的测评方式

一是情境化测试:测评题目基于真实生活场景,如日常购物、新闻阅读、科学实验等,而非纯学术问题。

二是多维度评估：结合纸笔测试、计算机化测试，2018年之后全面推行机考和问卷调查（学生背景、学习习惯、学校环境等）。

PISA具有一定透明性与广泛影响力。PISA的测评数据是全部公开的，在OECD官网上可以查询各个国家和经济体的报告，从而有助于促进公众监督与跨国教育讨论。目前，PISA项目的影响力已经超越教育领域，成为衡量国家人力资本和创新潜力的重要参照。

（四）PISA的研究启示

PISA不仅为教育政策制定者提供宏观参考，也为中小学教师推进教学实践和开展教学研究带来若干启示，有助于教师在教学实践中开展更具针对性和创新性的研究。从PISA项目的核心理念、测评框架及实践经验出发，结合中小学教师的研究需求可以提炼两点主要启示：启示之一，关注从知识传授到素养培育。PISA强调在生活中运用知识，更加关注真实情境下的能力应用，比如阅读中的信息整合、数学中的建模思维等；关注学习的非认知因素，PISA在背景问卷中关注学习动机、学校归属感等对学习成绩的影响。启示之二，推进教学方法的革新。PISA关注学生的真实学习能力和问题解决能力，因而需要积极推进问题解决学习、项目化学习和差异化教学等教学方式变革。

PISA提供了国际标准的研究框架和实证导向的改进思路，为中小学教师聚焦学生学习领域的研究提供了丰富的启示与可操作性借鉴。中小学教师可以基于PISA测评指标挖掘PISA测评框架的微观切入点进行课堂行为分析。在这里需要注意的是，需要结合本土情况进行灵活转化，避免对测评框架的生搬硬套。对于中小学教师而言，以下这些研究方向可供后续研究参考：如何通过班级活动提升学生学习动机、针对低收入家庭学生的学习支持策略、分层作业对于数学低分组学生的效果验证、学生错误答案背后的思维过程研究、学生阅读兴趣与批判性阅读能力的跟踪研究、小组合作对协作问题解决素养的影响、如何应用电子档案袋记录学生的跨学科能力成长、PISA科学素养测评工具的校本改良与应用、家庭数字资源匮乏对中学生计算思维发展的制约与补偿等。

二、教学与学习国际调查（TALIS）

（一）TALIS 是什么

教学与学习国际调查（Teaching and Learning International Survey，TALIS）是由经济合作与发展组织（OECD）发起的国际教师教学调查项目，旨在通过问卷调查收集教师和校长的专业发展、工作环境、教学实践及学校领导力等方面的数据，系统评估各国在基础教育阶段（主要面向初中阶段）的教学与学习环境，从而为教育政策制定和教师专业发展提供数据支持。2008 年，经济合作与发展组织启动了首轮 TALIS 调查，此后每 3—5 年开展一次，主要面向初中教师和初中校长，从 2018 年起扩展至小学和高中。最新开展的为 2024 年第五轮 TALIS，本轮调查覆盖超过 50 个国家和地区。

（二）TALIS 的测评框架

不同于 PISA 的学生测评，TALIS 更多的是聚焦于教育教学过程，关注教师和学校层面的关键影响因素。作为以教师和校长为核心对象的国际大规模调查，TALIS 具有自身的独特价值。TALIS 核心测评的是教师专业实践和学校管理两大板块，具体包括以下内容维度：

1. 教师层面的测评

- 专业发展：教师参与培训的需求、类型、障碍和效果等。
- 教学实践：教学方法（如直接指导、探究式学习……）、课堂管理策略等。
- 工作满意度：职业认同感、职业压力来源、留任意愿等。
- 自我效能感：教师对自身教学能力的信心评估等。

2. 学校层面的测评

- 领导力风格：校长的分布式领导、校长的教学参与度等。

- 学校氛围：师生关系、同事协作、家长支持等。
- 资源分配：教学设施、数字化工具、行政支持等。

（三）TALIS 的研究启示

TALIS 项目通过聚焦教师的教学实践与学生学习的关系，对教师的教学实践、学生的学习环境进行深度调研，为中小学教师开展学生学习研究提供了可资借鉴的国际视角、研究框架、研究路径、研究方法和问题清单等多重启示，引领教师从经验型教学转向研究型教学，实现迈向学习研究者的角色升级。以下尝试从中小学教师开展学生学习研究的具体维度展开分析：一是关注学生的学习过程而非单一的学习结果。二是鉴于 TALIS 尤其关注学生的社会经济背景、文化差异、特殊需求，因而在研究中需要重视学生的多样性对学生学习的多重影响。三是提示我们教师关注数据驱动的实证研究路径，比如结构化工具的开发与应用等。四是研究的重心应该聚焦于课堂教学的微观生态与学生的学习支持，比如课堂互动的有效性研究、多元化的学习评价研究、技术与学习融合的适用性研究等。

中小学教师开展学生学习研究，关键在于立足课堂教学的真实情境，用"小而实"的研究解决"真而痛"的问题，最终实现从"教的实践者"向"学的研究者"的整合升级。以 PISA、TALIS 为镜，教师的学生学习研究需要回归课堂教学现场，关注学生学习和学习能力的外显表现，通过精准化的学习过程追踪、个性化的学习故事解读，探索揭示学生作为完整学习者的成长密码。这种研究不仅能够提升教学针对性和有效性，还能够深化教师对学习本质与学习机制的理解，最终引领教师实现从传授知识到支持学习的专业角色转型。

三、国际数学与科学趋势研究（TIMSS）和国际阅读素养进展研究项目（PIRLS）

除了经济合作与发展组织（OECD）发起的国际学生评估项目（PISA）和教学与学习国际调查（TALIS）之外，国际教育成就评价协会（International Association for the Evaluation of Educational Achievement，IEA）发起的国际数学与科学趋势研究（The

Trends in International Mathematics and Science Study，TIMSS)和国际阅读素养进展研究项目(Progress in International Reading Literacy Study，PIRLS)也是两项具有广泛影响的国际教育测评项目。

TIMSS 主要评估各国(地区)四年级和八年级学生的数学与科学学业表现,并分析影响学习成果的教育政策、教学实践和社会文化因素。TIMSS 作为针对全球中小学教育中数学和科学学科的权威评价项目,是衡量学生数学与科学能力的重要指标。1995 年进行了首次测评,计划每四年开展一轮测评。

PIRLS 主要测评儿童的阅读素养水平及其发展变化趋势,为全球教育政策制定者和教育实践者提供参考。测评对象通常为 9—10 岁(相当于四年级)的学生,这个年龄段是儿童阅读发展的重要转折点,多数国家要求四年级末学生具备通过阅读进行学习的能力。2001 年进行了首次测评,计划每五年开展一轮测评。

此外,在学生学习方面比较著名的研究还有新西兰约翰·哈蒂(John Hattie)教授对 800 多项关于学业成就的元分析进行了综合报告,对影响学生学业成就的因素依据其影响力即效应量加以排序。哈蒂和研究团队进行了史上规模最为宏大的数据处理:对涵盖 52 367 项研究、涉及 2 亿余名学生的 800 多项元分析进行综合,得到了影响学生学业成就的 146 142 个效应量,并对效应量进行了解读。[1] 哈蒂及研究团队围绕可见的学习出版了一系列研究成果,中小学教师在开展学生学习研究时可进行相应借鉴参考。

专栏 1-5　　**深度学习:走向核心素养**[2]

　　深度学习是指在教师引领下学生围绕着具有挑战性的学习主题,全身心积极参与、体验成功、获得发展的有意义的学习过程。在这个过程中,学生掌握学科的核心知识,理解学习的过程,把握学科的本质及思想方法,形成积极的内在

---

① 约翰·哈蒂.可见的学习:对 800 多项关于学业成就的元分析的综合报告[M].彭正梅,邓莉,高原,等译.北京:教育科学出版社,2020:3.
② 刘月霞,郭华.深度学习:走向核心素养(理论普及读本)[M].北京:教育科学出版社,2018.有改动。

学习动机、高级的社会性情感、积极的态度、正确的价值观,成为既具备独立性、批判性、创造性又有合作精神、基础扎实的优秀的学习者,成为未来社会实践的主人。

深度学习具有五个特征。1.联想与结构:经验与知识的相互转化。2.活动与体验:学生的学习机制。3.本质与变式:对学习对象进行深度加工。4.迁移与应用:在教学活动中模拟社会实践。5.价值与评价:以人的成长为旨归。

深度学习应用以下四大策略。1.选择情境素材的链接策略:(1)多视角链接生活和生产;(2)链接学科发展和科技前沿;(3)链接思想道德教育要素。2.学习过程中的思维外显策略:(1)通过学生的自我分析让思维外显;(2)通过学生的质疑辩论让思维外显;(3)通过教师的连续追问让思维外显。3.学习过程的深度互动策略:(1)教师设计富有挑战性的学习任务,促进学生与任务的深度互动;(2)教师指导学生完成任务,增加学生与教师的深度互动;(3)教师组织学生研讨和交流,增加学生之间的深度互动。4.教师团队教学研究的改进策略。

第二章

学生学习研究的内容建构

很多时候,中小学教师并非意识不到开展学生学习研究的重要性,而是对于从哪些视角切入研究、从哪里寻找研究工具和资源支持等没有头绪。中小学教师亟需既符合学理逻辑又贴近其真实需求的学生学习研究内容框架,支持和帮助他们定位学生学习研究的内容维度和下位的研究聚焦点。本章基于对国内外学生学习研究等相关研究的全面梳理和分类归纳,围绕素养培育、学习要素和学习过程等三大研究视角,尝试性建构学生学习研究的内容框架。

中小学教师的学生学习研究更多的是实践导向,即为行动而研究、关于行动的研究、在行动中研究。对于中小学教师的学生学习研究的内容建构探索在系统分析和因素分析之间架设研究桥梁。诚然,本章内容划分仅是一个参考性的内容框架,期待更多维度的划分方法。

第一节
素养培育导向的内容框架

一、中国学生发展核心素养

2013 年,教育部委托北京师范大学林崇德教授,联合国内高校和科研机构成立课题组,启动了中国学生发展核心素养的系统研究。2016 年 9 月,教育部正式发布了中国学生发展核心素养研究成果。

中国学生发展核心素养是指学生在接受相应学段的教育过程中逐步形成的适应个人终身发展和社会发展需要的必备品格与关键能力。中国学生发展核心素养研究

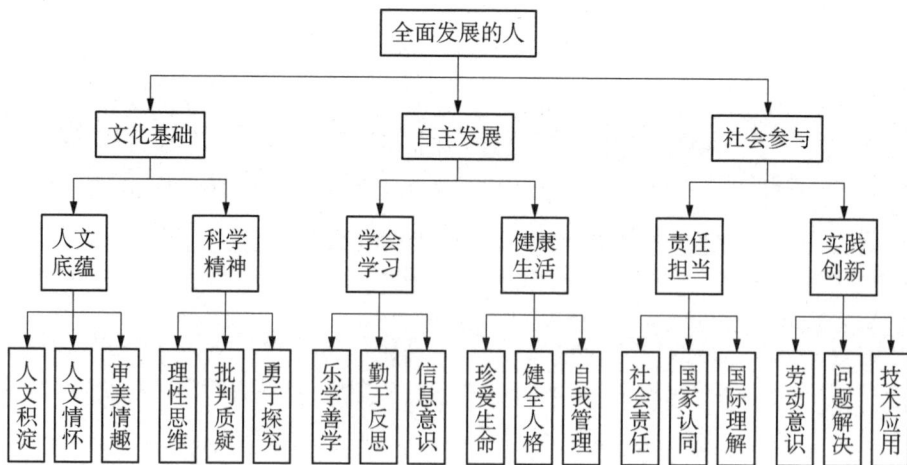

图 2-1 中国学生发展核心素养框架

主要遵循科学性、时代性和民族性三个原则,以培养全面发展的人为核心,涵盖文化基础、自主发展、社会参与三个方面,综合表现为人文底蕴、科学精神、学会学习、健康生活、责任担当、实践创新六大素养,并具体细化为国家认同等 18 个基本要点,各素养之间相互联系、互相补充、相互促进。

表 2-1　中国学生发展核心素养的表现要点及具体说明①

素养领域	核心素养	表现要点	具体说明
文化基础	人文底蕴	人文积淀	具有古今中外人文领域基本知识和成果的积累;能理解和掌握人文思想中所蕴含的认识方法和实践方法等。
		人文情怀	具有以人为本的意识,尊重、维护人的尊严和价值;能关切人的生存、发展和幸福等。
		审美情趣	具有艺术知识、技能与方法的积累;能理解和尊重文化艺术的多样性,具有发现、感知、欣赏、评价美的意识和基本能力;具有健康的审美价值取向;具有艺术表达和创意表现的兴趣和意识,能在生活中拓展和升华美等。
	科学精神	理性思维	崇尚真知,能理解和掌握基本的科学原理和方法;尊重事实和证据,有实证意识和严谨的求知态度;逻辑清晰,能运用科学的思维方式认识事物、解决问题、指导行为等。
		批判质疑	具有问题意识;能独立思考、独立判断;思维缜密,能多角度、辩证地分析问题,做出选择和决定等。
		勇于探究	具有好奇心和想象力;能不畏困难,有坚持不懈的探索精神;能大胆尝试,积极寻求有效的问题解决方法等。
自主发展	学会学习	乐学善学	能正确认识和理解学习的价值,具有积极的学习态度和浓厚的学习兴趣;能养成良好的学习习惯,掌握适合自身的学习方法;能自主学习,具有终身学习的意识和能力等。
		勤于反思	具有对自己的学习状态进行审视的意识和习惯,善于总结经验;能够根据不同情境和自身实际,选择或调整学习策略和方法等。

---

① 核心素养研究课题组.中国学生发展核心素养[J].中国教育学刊,2016,10:1—3.

素养领域	核心素养	表现要点	具体说明
		信息意识	能自觉、有效地获取、评估、鉴别、使用信息;具有数字化生存能力,主动适应"互联网＋"等社会信息化发展趋势;具有网络伦理道德与信息安全意识等。
	健康生活	珍爱生命	理解生命意义和人生价值;具有安全意识与自我保护能力;掌握适合自身的运动方法和技能,养成健康文明的行为习惯和生活方式等。
		健全人格	具有积极的心理品质,自信自爱,坚韧乐观;有自制力,能调节和管理自己的情绪,具有抗挫折能力等。
		自我管理	能正确认识与评估自我;依据自身个性和潜质选择适合的发展方向;合理分配和使用时间与精力;具有达成目标的持续行动力等。
社会参与	责任担当	社会责任	自尊自律,文明礼貌,诚信友善,宽和待人;孝亲敬长,有感恩之心;热心公益和志愿服务,敬业奉献,具有团队意识和互助精神;能主动作为,履职尽责,对自我和他人负责;能明辨是非,具有规则与法治意识,积极履行公民义务,理性行使公民权利;崇尚自由平等,能维护社会公平正义;热爱并尊重自然,具有绿色生活方式和可持续发展理念及行动等。
		国家认同	具有国家意识,了解国情历史,认同国民身份,能自觉捍卫国家主权、尊严和利益;具有文化自信,尊重中华民族的优秀文明成果,能传播弘扬中华优秀传统文化和社会主义先进文化;了解中国共产党的历史和光荣传统,具有热爱党、拥护党的意识和行动;理解、接受并自觉践行社会主义核心价值观,具有中国特色社会主义共同理想,有为实现中华民族伟大复兴中国梦而不懈奋斗的信念和行动。
		国际理解	具有全球意识和开放的心态,了解人类文明进程和世界发展动态;能尊重世界多元文化的多样性和差异性,积极参与跨文化交流;关注人类面临的全球性挑战,理解人类命运共同体的内涵与价值等。

素养领域	核心素养	表现要点	具体说明
实践创新		劳动意识	尊重劳动,具有积极的劳动态度和良好的劳动习惯;具有动手操作能力,掌握一定的劳动技能;在主动参加的家务劳动、生产劳动、公益活动和社会实践中,具有改进和创新劳动方式、提高劳动效率的意识;具有通过诚实合法劳动创造成功生活的意识和行动等。
		问题解决	善于发现和提出问题,有解决问题的兴趣和热情;能依据特定情境和具体条件,选择制订合理的解决方案;具有在复杂环境中行动的能力等。
		技术运用	理解技术与人类文明的有机联系,具有学习掌握技术的兴趣和意愿;具有工程思维,能将创意和方案转化为有形物品或对已有物品进行改进与优化等。

中国学生发展核心素养是党的教育方针和教育思想的具体化与细化,是连接宏观教育理念、教育目标与教育教学实践的中间环节和桥梁纽带,从中观层面回答了"立什么德、树什么人"这一关键问题。

让核心素养落地是高中课程方案与学科课程标准修订、义务教育课程方案与学科课程标准修订的工作重心和关键抓手。义务教育课程聚焦核心素养,依据学生终身发展和社会发展需要,明确育人主线,加强正确价值观引导,重视必备品格和关键能力培育。[1] 普通高中课程在义务教育的基础上进一步提升学生综合素质,着力发展学生核心素养,使学生成为有理想、有本领、有担当的时代新人。[2]

二、学科核心素养

学科核心素养是学生在接受学科教育过程中逐步形成的适应个人终身发展和社

---

[1] 中华人民共和国教育部. 义务教育课程方案(2022 年版)[M]. 北京:北京师范大学出版社,2022:4.

[2] 中华人民共和国教育部. 普通高中课程方案(2017 年版 2020 年修订)[M]. 北京:人民教育出版社,2020:2.

会发展所需要的正确价值观、必备品格和关键能力，是学生通过学科学习内化的带有学科特性的关键品质，是学科课程育人价值的集中体现。

各学科课程标准，基于学科本质凝练了学科核心素养，对原有的知识与技能、过程与方法、情感态度价值观三维目标进行了有机整合，明确了学习学科课程之后应该达成的正确价值观、必备品格和关键能力。"双新"改革通过课程内容结构化和课程内容情境化等来促进学科核心素养的落实。

表2-2 义务教育和普通高中各课程培育的核心素养①

学科	义务教育课程核心素养	普通高中学科核心素养
道德与法治/思想政治	政治认同、道德修养、法治观念、健全人格、责任意识	政治认同、科学精神、法治意识、公共参与
语文	文化自信、语言运用、思维能力、审美创造	语言建构与运用、思维发展与提升、审美鉴赏与创造、文化传承与理解
英语、日语、俄语/英语、日语、俄语、德语、法语、西班牙语	语言能力、文化意识、思维品质、学习能力	语言能力、文化意识、思维品质、学习能力
数学	会用数学的眼光观察现实世界(抽象能力，包括数感、量感、符号意识，几何直观，空间观念与创新意识)，会用数学的思维思考现实世界(运算能力、推理意识或推理能力)，会用数学的语言表达现实世界(数据意识或数据观念、模型意识或模型观念、应用意识)	数学抽象、逻辑推理、数学建模、直观想象、数学运算、数据分析
历史	唯物史观、时空观念、史料实证、历史解释、家国情怀	唯物史观、时空观念、史料实证、历史解释、家国情怀

① 注：本表整理自《义务教育课程方案(2022年版)》和《普通高中课程方案(2017年版2020年修订)》。学科序列因义务教育阶段和高中阶段学科名称表述略有调整，用"/"来表示。

学科	义务教育课程核心素养	普通高中学科核心素养
地理	人地协调观、综合思维、区域认知、地理实践力	人地协调观、综合思维、区域认知、地理实践力
科学	科学观念、科学思维、探究实践、态度责任	/
化学	化学观念、科学思维、科学探究与实践、科学态度与责任	宏观辨识与微观探析、变化观念与平衡思想、证据推理与模型认知、科学探究与创新意识、科学态度与社会责任
物理	物理观念、科学思维、科学探究、科学态度与责任	物理观念、科学思维、科学探究、科学态度与责任
生物学	生命观念、科学思维、探究实践、态度责任	生命观念、科学思维、科学探究、社会责任
体育与健康	运动能力、健康行为、体育品德	运动能力、健康行为、体育品德
信息科技/信息技术	信息意识、计算思维、数字化学习与创新、信息社会责任	信息意识、计算思维、数字化学习与创新、信息社会责任
艺术	审美感知、艺术表现、创意实践、文化理解	艺术感知、创意表达、审美情趣、文化理解
音乐	/	审美感知、艺术表现、文化理解
美术	/	图像识读、美术表现、审美判断、创意实践、文化理解
劳动/通用技术	劳动观念、劳动能力、劳动习惯和品质、劳动精神	技术意识、工程思维、创新设计、图样表达、物化能力

综上所述,中国学生发展核心素养和学科核心素养都是从学生学习结果的维度勾画了我国未来人才的形象,有助于实现课程的育人价值,落实立德树人的根本任务。

三、21世纪技能框架

教育正在从知识本位走向素养本位是一个全球性趋势。为应对全球化、数字化时代的教育需求,美国21世纪学习合作组织(Partnership for 21st Century Learning,简称P21)[1],提出了21世纪的学习愿景,并定义了"21世纪技能"(21st century competences)。

21世纪技能框架以"21世纪学习彩虹模型"为核心,整体包含两大系统:系统之一是学生学业成果系统,在保留传统核心课程的基础上增加了学习和创新技能,信息、媒介与技术技能,以及生活和职业技能等。系统之二是学习支持系统,阐释了21世纪的标准与评价、课程和教学、专业发展和学习环境等。

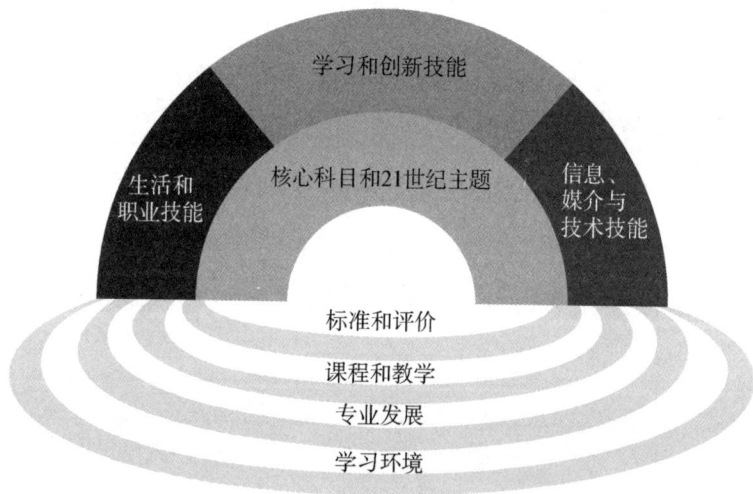

图2-2　21世纪学生技能与支持体系[2]

---

① 注:原名为Partnership for 21st Century Skills,也被翻译为21世纪技能合作研究委员会。
② 张义兵.美国的"21世纪技能"内涵解读——兼析对我国基础教育改革的启示[J].比较教育研究,2012,34(05):86—90.

表 2-2　21 世纪学生技能构成要素与内涵阐释

板块	维度	指标	说　明
学生学业成果	核心科目与21世纪主题：21世纪技能的课程载体	保留传统核心课程	英语、阅读和语言艺术、外语、艺术、数学、经济、科学、地理、历史、政府与公民等
		新增5个跨学科主题的学习内容	**全球意识**：要求学生能够运用21世纪技能去理解与应对全球议题；在私人场合、工作场所、社区环境中，用互敬的精神和开放的对话，从个体所表现出的文化、宗教和生活方式的多样性中学习与协同工作；理解其他民族及其文化，包括非英语语言的使用。
			金融的、经济的、商业的和创业的素养：要求学生能够知道如何做出恰当的个人经济选择；理解经济在社会中的作用；运用创业技能提高工作场所效益和进行职业生涯选择。
			公民素养：要求学生通过了解和理解政务流程，有效参与市民生活；在地方、州、国家及全球层面上，践行公民的权利与义务；理解施政决策在地方与全球的应用。
			健康素养：要求学生能获取、领会和理解基本的健康信息和服务，并能用增进健康的方式运用这些信息和服务；知道预防性的身体与技能更深健康检测，包括适当的饮食、营养、锻炼、避险与减压；运用已有信息做出恰当的与健康相关的决策；建立和监测个人与家庭的健康目标；理解国内与国际公共健康与安全的议题。
			环保素养：要求学生能够说出环境知识，理解影响它的状况与状态的因素，特别是与空气、气候、土地、食品、能源、水和生态系统相关的方面；能够论述相关知识，理解社会与自然世界的冲突（如人口增长、人口发展、资源消耗率等）；调查与分析环境问题，并对有效的解决方案能够做出正确结论；针对选出的环境方面的挑战，采取个体与集体的行动（如参加全球行动，设计方案以激发解决环保问题的行动）。

板块	维度	指标	说　明
学习与创新技能：21世纪技能的精神内核	创造与革新	创造性思维	要求学生能够运用广泛的观点创新技术（如头脑风暴法）；能够创设新的有价值的观点（包括增量及激进的概念）；能够详述、提炼、分析和评估自己的观点以推进和增加创造的成果。
		与他人共同创造性地工作	要求学生能够开发、应用及有效地向他人传达新观点；对新的、多样的观点持开放、支持的态度；能够把群体智慧吸收与反馈到工作中。
		应用创新	要求学生把创造性思想付诸行动，在革新将要涉及的领域做出实在的、有用的贡献。
	批判性思维与问题解决	批判性思维	其一，是有效的推理，要求学生能够根据实际情况运用适当的推理方式（归纳、演绎等）。 其二，是运用系统思维，要求学生在复杂系统中，分析作为整体的各个部分之间是如何相互作用以产生总的结果的。 其三，是做出判断与决定，要求学生能够有效分析与评估证据、争论、主张、信念；分析和评估主要的可选择的观点；在信息与争论之间进行综合及建立联系；解释信息以及基于分析推断结论；对学习经历与过程批判性反馈。
		问题解决	要求学生能用传统的和创新的方式解决不同类型的不熟悉的问题；能识别与提出主要问题，以澄清不同观点导向较好解答。
	交流与合作	清晰地交流	在多种状态及语境中，学生能够有效运用口语、写作及非言语交流技巧，清楚表达思想和观点；能够有效倾听，以辨析含义，包括知识、价值、态度及意图；为一系列目的（如通告、指导、激发和劝说）进行交流；利用多媒体和技术，在多种多样的环境中有效交流（包括多语言环境）。
		与他人合作	要求学生能够与不同团队有效工作及相互尊重的能力；灵活性与主动性，有助于做出必要的比较以实现共同目标；为写作的工作分担共责任，尊重团队中每个个体所作出的贡献。

板块	维度	指标	说　明
信息、媒介与技术技能：21世纪技能的技术基础	信息素养	获取与评估信息	高效地(时间上)、有效地(资源上)获取信息；批判地、适当地评估信息。
		使用和管理信息	能够针对手头的议题与问题正确地、创造性地使用信息；从广泛多样的源头管理信息流；应用对伦理的、法律的基本问题的理解，获取与使用信息的议题。
	媒介素养	分析传媒	同时知道媒介信息是如何建构出来的；检测个体诠释消息有何差异，价值观与观点是如何纳入或者排除出去的，媒介是如何能够影响信念与行为的；应用一种对伦理的、法律的基本理解获取与使用媒介。
		创造媒介产品	能够理解和使用最恰当的媒介制作工具；在多样化、多元化文化环境中，理解并有效应用表达与诠释。
	信息、通信与技术素养		有效地运用技术，使用技术作为工具进行探究、组织、评估与交流信息；运用数字化技术(计算机、PAD、媒体播放器、GPS等)通讯/网络工具，恰当获取、管理、诠释、评估与创造信息，应用一种对伦理的、法律的基本理解获取与使用信息技术。
生活与职业技能：21世纪技能的实践环境	适应性和灵活性	适应性	要求学生能够适应不同的角色、工作职责、日程和情境；在存在歧义的氛围中和不断变化的优先事项处理中有效工作。
		灵活性	要求学生能够有效吸取反馈信息；积极面对表扬、挫折与批评；在多元文化环境中，理解与平衡多样化的观点及信念以达成可行的方案。
	主动性与自我导向		其一，是目标与时间的管理，用明确的或者不确定的成功准则设定目标；平衡战术上的(短期的)和战略上的(长期的)目标；有效使用时间和应对工作负担。 其二，是独立工作，无须直接监督而能够自我监控、界定任务、确定优先顺序和完成任务。 其三，是成为一个自我导向的学习者，超越对技能与课程的

板块	维度	指标	说　明
			基本掌握,去探索与扩展自己的学习与机会,以获得专业知识;展现首创精神以提升技能水平直到专业水准;展现把学习当作一个终身过程的新年;为了预示未来进步,批判性地反馈过去的经验。
		社交与跨文化技能	其一,是与他人有效交流,知道何时该恰当地倾听,何时该讲话;用一种值得尊重的、专业的方式引领自己。 其二,是在不同团队中有效工作,尊重文化差异,与来自不同社会与文化背景的人有效工作;用开放的思维回应不同的观念与价值观;利用社会和文化差异创造新的观念,提高工作的创造性及其质量。
		生产率与责任心	其一,是管理项目,即便是在面对阻碍和竞争压力的情况下,也能够设定与达成目标;优先处理、计划及管理工作,以完成预期结果。 其二,是产出成果,在产出高质量成果的同时,展现另外的贡献。包括如下能力:符合伦理地、积极地工作;有效地管理时间与项目;多重任务;积极参与,守信和守时;用恰当的礼仪表现自己;与团队有效地协作与合作;尊重与赏识团队的多样化;对结果负责。
		领导力与责任心	其一,是指导与领导他人,使用人际技能、问题解决技能影响和指导他人去达成目标;调动他人力量实现共同目标;通过榜样和自己的无私,激励他人达到最好;在使用影响力与权力中,展现正直与合乎伦理的行为。 其二,是对他人负责,要从对更大的利益、对社区利益负责的角度去行动。
支持系统	支持系统:21世纪技能的实施保证	21世纪标准	聚焦于21世纪技能的内容知识与专业,不仅要重视核心课程,而且要理解21世纪跨学科主题;强调对所学内容的深度理解而非浅层理解;要求学生深入到他们的学习、工作、生活中的问题;当积极参与到富含意义的问题中后,允许对掌握程度做多元测量。
		21世纪技能的评价	支持多种评价的平衡,包括和形成性与总结性的教师评价一道使用的高质量的标准化测试;强调嵌入日常学习的学习绩效的反馈;在测量学生21世纪技能掌握方面,需要平衡技术支持的形成性评价与总结性评价;鼓励开发有关学生工作的

板块	维度	指标	说　明
			电子档案,向教育者及未来的雇主展示学生 21 世纪技能的掌握,鼓励使用一种平衡的电子档案袋测量去评估教育系统学生在 21 世纪技能的竞争中达到高水准的有效性。
		21 世纪的课程与教学	在核心课程和 21 世纪跨学科主题中直接教授 21 世纪技能;致力于通过内容领域为 21 世纪技能的应用及为基于能力导向的学习提供机会;把支持性技术的使用、基于探究的和基于问题的学习以及高层次思维技能整合起来,实现创新学习的理论;鼓励超越学校围墙的空间限制,把社区资源整合起来。
		21 世纪的教师专业化发展	给教师指明方向,以使他们能够抓住时机把 21 世纪技能、工具与教学策略融入课堂实践,帮助他们分清哪些活动可以替代或者忽视。包括:均衡使用项目导向的教学理论的直接教学;能够举例说明对主题的深入理解,如何能够切实地推进问题解决、批判性思维以及其他的 21 世纪技能。为教师提供 21 世纪专业学习社区,运用面对面、虚拟及混合交流形式,鼓励在社区中进行知识分享;使用可升级、可持续的专业发展模式。
		21 世纪的学习环境	创建学习实践、人力支持和物理环境,这将有助于 21 世纪技能的教与学;支持专业的学习社区,这将使教育者能够进行合作、分享最好的实践及在课堂实践中整合 21 世纪技能,使学生在有意义的、有 21 世纪背景的真实世界中学习成为可能;允许公正地使用优质的学习工具、技术及资源;为群体、团队及个体提供 21 世纪学习设计;支持不断扩展的社区和国际性参与的学习,包括面对面的和在线的。

美国 21 世纪学习合作组织的 21 世纪技能框架为全球教育变革提供了重要参考,其核心理念是培养“学会学习”的终身学习者。虽然在实践过程中培育 21 世纪技能依然面临着巨大挑战,然而其对创新能力、合作精神和技术素养以及支持系统的强调,现已成为许多国家教育政策的重要借鉴。

　　社会情感能力是儿童和成人在成长和发展的复杂情境中掌握并应用的一系列的与个体适应及社会性发展有关的核心能力。[①] 社会情感能力的本质是关系的社会性构建,学生社会情感能力的提升就是促进学生认知和管理与自我、与他人、与集体的关系的态度、知识和能力的发展,它包括建立在以下三对关系上的六个维度。[②] 一是构建与自我的关系,由自我认知和自我管理两个维度构成。二是构建与他人的关系,由他人认知和他人管理两个维度构成。三是构建与集体的关系,由集体认知和集体管理两个维度构成。

　　2019 年,经济合作与发展组织(OECD)在世界范围内开展了青少年社会与情感能力研究(Study on Social and Emotional Skills,SSES),该调查采用心理学领域已发展成熟和广泛运用的"人格结构五因素模型"(或称为"大五人格"模型,Big Five Model)。它根据任务表现、情绪调节[③]、与他人交往、协作和开放性等反映人格的五个维度,分别选择下设的 15 项能力对学生社会情感能力进行分析和评价。同时,调查还考虑了 PISA 测试对学生成绩、主观幸福感和职业期望有较大关联的学生综合感受和学生对自己的能力评价,把成就动机和自我效能感也纳入测量项目中,统称复合型能力。见表 2-3。

---

① Osher David, et al. Advancing the Science and Practice of Social and Emotional Learning: Looking Back and Moving Forward [J]. *Review of Research in Education*,2016(1):40.

② 杜媛,毛亚庆.基于关系视角的学生社会情感能力构建及发展研究[J].教育研究,2018,39(08):43—50.

③ 注:情绪和情感有所不同,情绪是大脑皮层加工的结果,是实现人类行为适应与调节的必要功能;情感是对情绪的一种有意识的解释。转引自:经济合作与发展组织.理解脑——新的学习科学的诞生[M].北京师范大学认知神经科学与学习国家重点实验室脑科学与教育应用研究中心组织翻译.周加仙,等译.北京:教育科学出版社,2014:19.

表 2-3 社会情感能力测量框架:测量维度与能力对照表①

测量维度	具体能力
任务表现(尽责性)	● 责任心(responsibility) ● 自我控制(self-control) ● 坚持(persistence)
情绪调节(情绪稳定)	● 抗压力(stress resistance) ● 乐观(optimism) ● 情绪控制(emotional control)
与他人交往(外倾性)	● 坚定(assertiveness) ● 社交性(sociability) ● 活力(energy)
协作能力(宜人性)	● 移情(empathy) ● 信任(trust) ● 合作(co-operation)
开放性(开放性经验)	● 好奇心(curiosity) ● 包容(tolerance) ● 创造性(creativity)
其他(复合型能力)	● 成就动机(achievement motivation) ● 自我效能感(self-efficacy)

① OECD. Beyond academic learning: First results from the survey on social and emotional skill [EB/OL]. (2025-05-20)[2021-09-07]. https://doi.org/10.1787/92a11084-en.

第二节
基于学习要素的内容框架

学生学习是个性化、复杂化的动态过程。丹麦教育学者克努兹·伊列雷斯(Knud Illeris)提出了全视角学习理论。作为一种综合性的学习理论,全视角学习理论探索从认知、情感、动机及社会文化等多维度解析学习的本质。克努兹·伊列雷斯运用圆周架构了一个学习三角,提出了著名的"学习三角"(Learning Triangle),即学习的三维度模型,强调学习由三个核心维度——内容、动机和互动共同组成,这三个维度不是孤立存在的,而是交织在一起发挥作用,这一模型突破了传统学习理论中仅关注知识传递的局限,将学习视为一个动态的社会化、心理化过程。克努兹·伊列雷斯的全视角学习理论为我们中小学教师理解复杂的学习现象提供了整合性的参考框架。

一、学习动机

(一) 认识学习动机:学习的发动机

动机是一个广义的术语,它既包括兴趣、意愿和信念等,也包括对能力或者成就的看法、价值和期望等。

学习动机是激发、维持、推动个体进行学习活动,并使之朝向一定目标的内部动力机制。学习动机主要包含学习需要和学习期待两个基本成分。学习需要是学生追求学业成就的心理倾向,是社会、学校和家庭对学生的客观要求在学生头脑中的主观反映。学习期待是学生对学习活动所要达到目标的主观估计,它与学习目标密切相关,但又不同于学习目标。有研究者提出了以下的学习动机公式[①]:

学习动机＝学习需求×学习价值

学生学习成绩的影响因素复杂而多元。从学生自身的角度来看,既包括认知因素如智力水平,也包括非认知因素如学习动机和学习情绪等。在所有的非认知因素中,学习动机被认为是最为核心的一个因素。学习动机影响学生主动投入学习的时间,在这之中学生学习的内部动机尤为重要,当学生为自己而学习,内心渴望理解知识、掌握技能、发展能力的时候,学习就会变得更加轻松。

良好的学习动机能够帮助学生维持有效的学习行为,在遇到挫折时保持良好的学习心态,从而形成良性的学习循环;不良的学习动机则会导致学生学习效率低下,形成学习拖延等回避学习的行为,进而损害学习成绩。[②] 长期以来,认知心理学家一直强调学习与动机的关系,但是他们实际上很少关注后者,尽管后者是教师所关心的问题。关于动机的研究,目前没有形成大家普遍接受的理论,也缺乏将已知的理论体系应用于课堂教学实践之中。[③]

(二) 学习动机的激发

学习动机具有复杂多样性,同一学生可能存在几种相互交织的学习动机,不同学生的学习动机也会有若干差异。学生不是电灯,按下开关就会亮。教师们和家长们都非常关心如何让学生产生学习的兴趣、需求、愿望,甚至期待出现学生如饥似渴地学习的场面,引导学生投入积极的学习状态。

如何激发学生的学习兴趣? 如何让学生喜欢并愿意投入学习? 如何让课堂教学充满吸引力? 这是很多教师所渴望解决的问题。如果要研究学习行为的原因,通常涉及两个主要问题:一是学习行为的指向问题,即引发学生学习指向某一目标或内容的

---

① 安德烈·焦尔当. 学习的本质[M]. 上海:华东师范大学出版社,2015:69.

② Schunk, D. H. , Pintrich, P. R. , & Meece, J. L.. *Motivation in education: Theory, research, and applications* [M]. Upper Saddle River, NJ: Merrill Prentice Hall, 2008.

③ 约翰·D. 布兰思福特等. 人是如何学习的:大脑、心理、经验及学校[M]. 程可拉,孙亚玲,王旭卿,译. 上海:华东师范大学出版社,2013:248.

原因是什么。二是学习行为的持续问题,即学生学习能够坚持某一目标或内容的原因是什么。这两个问题均涉及学生学习的动力问题。当下,对于超越"胡萝卜加大棒"的办法,创新能够激发内部动机的教育手段还存在不少困难,值得我们广大教师围绕这个领域去探索、去研究。鉴于我们的大脑喜欢愉悦感和成就感,学习动机在学生学习过程中扮演着重要的角色,虽然困难重重,教师还是需要想方设法引导学生成为主动的学习者。有研究者提出,激发学生的学习动机可以遵循以下八大关键原则。①

关键原则 1:当学生感受到有能力达成期望时,他们会更有学习动力。

关键原则 2:当学生感受到特定活动与学习成就之间的稳定联系时,他们会更有动力参与学习。

关键原则 3:当学生重视学习科目并且有一个明确的目标时,他们更有动力参与学习。

关键原则 4:当学生对学习活动持有积极情绪时,他们更有动力参与学习。

关键原则 5:当学生经历负面情绪时,他们会从学习中转移注意力。

关键原则 6:当学生能够控制情绪强度、持续时间以及表达方式时,他们会为学习释放认知资源。

关键原则 7:当学生能够管理他们的学习资源并有效地应对学习障碍时,他们的学习会更加持久。

关键原则 8:当学生感受到周围环境有利于学习时,他们会更有动力参与学习并运用动机调节策略。

(三) 学习兴趣发展四阶段理论

兴趣是最好的老师。我国古代先哲孔子曾经说过:知之者不如好之者,好之者不如乐之者。兴趣既是个体从事某类活动时的心理状态,又是促进个体学习的重要动机。根据学界共识,学习兴趣主要包括个人兴趣和情境兴趣。

2006 年,加拿大多伦多大学教授苏珊娜·希迪(Suzanne Hidi)和美国斯沃斯莫尔学院教授安·伦宁格(Ann Renninger)提出了兴趣发展四阶段模型(Four-Phase Model of

---

① 汉纳·杜蒙,戴维·艾斯坦斯,弗朗西斯科·贝纳维德.学习的本质:以研究启迪实践[M].杨刚,等译.北京:教育科学出版社,2020:77—88.有改动.

Interest Development)。① 该理论认为兴趣发展经历以下四个阶段:第一个阶段,触发的情境兴趣(Triggered Situational Interest),这个阶段的兴趣主要是由外部环境中的特定刺激(如新颖性、意外性、挑战性)所引发,表现为短暂的注意力和情感反应。第二阶段,维持的情境兴趣(Maintained Situational Interest),这个阶段的兴趣通过持续的刺激和参与加以维持,个体开始主动投入更多时间和认知资源。第三阶段,最初的个人兴趣(Emerging Individual Interest),在这个阶段兴趣开始逐步内化为个体的稳定倾向,表现为主动寻求与兴趣相关的信息和机会。第四阶段,稳定的个人兴趣(Well-Developed Individual Interest),在这个阶段兴趣得到进一步内化,成为较为持久的个人特质,即使缺乏外部刺激也能持续驱动行为,即转化为内驱性的持久兴趣。

兴趣发展四阶段理论描述了兴趣的形成是从外部刺激到内部驱动的、逐步深化乃至稳定化的连续过程。其中,情境兴趣主要由环境激活,相对容易被激发,能够在较短时间维持学生的学习动机。兴趣发展四阶段模型为教师认识学习兴趣的发生与发展机制提供了重要参照。在教学过程中,教师可以分析把握学生学习兴趣发展的关键点,设计有助于激发和维持学习兴趣的学习环境,并不断调整相应的教学策略,从而为学习兴趣提供相应的触发条件和维持条件。

表 2-4 兴趣发展的四个阶段:学习者特征、反馈愿望和反馈需求②

兴趣阶段	阶段 1 触发的情境兴趣	阶段 2 维持的情境兴趣	阶段 3 萌生的个人兴趣	阶段 4 稳定的个人兴趣
学习者特征	● 关注内容,哪怕只是稍纵即逝 ● 需要支持以参与内容 ● 兴趣来自外部(如小组合作、	● 掌握接触之前引发关注的内容 ● 在他人的支持下,找到自己的技能、知识和	● 可能独立重新接触内容 ● 好奇的问题引导他们寻找答案 ● 有积极的感觉	● 独立重新接触内容 ● 有好奇的问题 ● 通过自我调节重新设计问题和寻求答案,在

① Hidi, S., Renninger, K. A.. The Four-Phase Model of Interest Development [J]. *Educational Psychologist*, 2006,41(2):111-127.
② 弗兰克·费舍尔,辛迪·赫梅洛-西尔弗,苏珊·戈德曼,等. 国际学习科学手册[M]. 赵建华,尚俊杰,蒋银健,等译. 上海:华东师范大学出版社,2022:134.

兴趣阶段	阶段1 触发的情境兴趣	阶段2 维持的情境兴趣	阶段3 萌生的个人兴趣	阶段4 稳定的个人兴趣
	教学对话） ● 通过教学设计（如软件）激发兴趣 ● 可能体验到积极或消极的感觉 ● 可能或不能反思性地意识到这一经验	经验之间的联系 ● 有积极的感觉 ● 正在发展内容知识 ● 正在培养对内容价值的认识	● 继续发展知识并深化价值观 ● 非常专注于自己的问题 ● 可能认为学科的经典反馈和大多数反馈价值有限	沮丧和挑战中坚持不懈 ● 认识到他人对学科的贡献及其他信息/技能/观点的存在 ● 积极地寻求反馈
反馈愿望 （学习者愿望）	● 让他们的想法得到尊重 ● 其他人也能理解该难度的内容 ● 希望简单被告知如何以最少步骤完成任务	● 让他们的想法得到尊重 ● 得到具体的建议 ● 被告知该做什么	● 让他们的想法得到尊重 ● 表达自己的想法 ● 不希望被告知需要修正当前努力	● 让他们的想法得到尊重 ● 获得信息和反馈 ● 平衡个人标准与学科广泛接受的标准
反馈需求 （学习者需求）	● 对他们的努力感到感激 ● 有限的具体建议	● 对他们的努力感到感激 ● 得到支持去探索自己的想法	● 感到自己的目标和想法被理解 ● 感到自己的努力得到真正赞赏 ● 看到如何更有效实现目标的反馈	● 感到自己的目标和想法被听取和理解 ● 建设性的反馈 ● 挑战

　　在开展学生的学习动机研究时，中小学教师可以结合教学实践中的具体问题，从学习理论验证、影响因素分析、激发维持策略等多个视角进行研究选题。具体比如，归因训练对小学生数学学习动机的影响研究、积极心理学视域下激发中学生学习动机的

实证研究、学生作业拖延现象的动机归因与干预研究、基于 AR 技术的初中地理课堂学习动机激发研究、教师期望对中小学生学习动机的影响研究、项目化学习在提升中小学生学习动机中的应用研究、同伴互评机制对高中生写作动机的影响、在线学习平台即时反馈功能对中学生学习投入的影响、家庭亲子共读对儿童阅读兴趣的长期影响、课堂即时奖励机制的短期效果与长期成效分析,等等。

二、学习方式

学生的学习总是依托或借助一定的方式方法来进行的。对于学生的学习方式,存在着多种多样的主张和各式各样的做法。所有的主张和做法大致上可以划分为两大类型:接受学习和发现学习。①

接受学习是指学生通过教师呈现的材料来掌握现成知识的一种方式。② 在接受学习中,学习内容由教师以确定的方式传授给学生,学生无须进行任何探究,只需要接受即可。接受学习有助于学生在相对较短的时间内相对高效地学习掌握大量的系统的科学文化知识,接受学习在培养学生的探究精神、创新能力方面有所欠缺。接受学习的历史悠久,其与教学的历史一样长,从学校产生直到现在,接受学习几乎一直占据着主导地位。美国认知教育心理学家戴维·奥苏贝尔(David Pawl Ausubel,1918—2008)是接受学习的代表人物。奥苏贝尔提出了有意义接受学习理论,他强调有意义的学习过程,认为在课堂教学中影响学生学习的最重要因素是学生的认知结构。

发现学习是学生通过自己再发现知识形成的步骤,以获取知识并发展探究性思维的一种学习方式。③ 发现学习认为学生的学习任务不是接受或记忆现成的知识,而是参与知识的发现,关注学习探究的过程。根据教师在发现学习过程中的作用,发现学

---

① 施良方,崔允漷. 教学理论:课堂教学的原理、策略与研究[M]. 上海:华东师范大学出版社,1999:119.

② 施良方,崔允漷. 教学理论:课堂教学的原理、策略与研究[M]. 上海:华东师范大学出版社,1999:119.

③ 施良方,崔允漷. 教学理论:课堂教学的原理、策略与研究[M]. 上海:华东师范大学出版社,1999:119.

习主要包括体验发现型学习、指导发现型学习、独立发现型学习三大类型。① 美国哲学家、教育家约翰·杜威(John Dewey, 1859—1952)是发现学习的早期倡导者。美国教育心理学家、认知心理学家杰罗姆·布鲁纳(Jerome Seymour Bruner, 1915—2016)是发现学习的公认倡导者。布鲁纳认为学生是一个积极的探究者,学生的学习是主动发现的过程,而不是被动接受的过程。布鲁纳提出,发现学习具有强调学习过程、强调直觉思维、强调内在动机、强调信息获取等四大特征。②

表2-5 接受学习与发现学习的对比

内容维度	接受学习	发现学习
代表人物	奥苏贝尔	杜威、布鲁纳
学习重心	结果导向,关注学什么	过程导向,关注如何学
知识获取	教师讲解知识,学生接受并整合	学生主动发现,自主探究
教师角色	知识传递者,内容设计者	学习引导者、协作支持者
适用场景	系统化的知识传递……	开放性问题、项目化学习、学科实践等

《普通高中课程方案(2017年版2020年修订)》要求大力推进教学改革,关注学生学习过程,创设与生活关联的、任务导向的真实情境,促进学生自主、合作、探究地学习。③《义务教育课程方案(2022年版)》提到义务教育课程应遵循的五大原则之一就是"变革育人方式,突出实践",即突出学科思想方法和探究方式的学习,加强知行合一、学思结合,倡导做中学、用中学和创中学。④

未来的教育面对世界的多维度、多元化和复杂性。一方面,我们的知识是分离的、

① 施良方,崔允漷. 教学理论:课堂教学的原理、策略与研究[M]. 上海:华东师范大学出版社,1999:126.
② 施良方. 学习论[M]. 北京:人民教育出版社,2001:211—219.
③ 中华人民共和国教育部. 普通高中课程方案(2017年版2020年修订)[M]. 北京:人民教育出版社,2020:11.
④ 中华人民共和国教育部. 义务教育课程方案(2022年版)[M]. 北京:北京师范大学出版社,2022:5.

直接的、箱格化的;另一方面,现实或问题日益成为多学科的、跨国界的、全球化的,两者之间的不适应变得日益宽广、深刻和严重。① 根据高中"双新"和义务教育"双新"对学习方式变革的宏观要求,结合21世纪的学习更加关注学生在真实情境中解决真实问题过程中的认知、能力、情感与价值观的发展这一国际趋势,这一部分的内容主要围绕在世界范围内越来越主流的项目化学习、跨学科主题学习和技术支持的学习来展开。

(一) 项目化学习

近年来,在世界范围内掀起了做中学的新高潮,世界各地都在积极推进项目化学习(Project-Based Learning,PBL)、创客空间和基于设计思维的学习等等。其中,项目化学习指向课程内容的结构化重组和学校的组织性变革,对深入推进课程教学改革和核心素养培育落地具有深远的现实意义。

项目化学习通过创设真实而富有挑战性的问题情境,引导和支持学生开展持续探究,尝试创造性地解决问题,并通过个性化方式展示学习成果。上海市积极推进项目化学习,落实课程教学改革深化行动,培育学生创造性解决问题的能力。2020年,上海市教育委员会出台了《上海市义务教育项目化学习三年行动计划(2020—2022年)》;2023年,上海市教育委员会又印发了《上海市教育委员会关于实施项目化学习推动义务教育育人方式改革的指导意见》(沪教委基〔2023〕24号),全面启动实施项目化学习,具体目标是2026年义务教育学校常态化实施项目化学习。②

1. 项目化学习的类型

项目化学习主要包括活动项目化学习、学科项目化学习和跨学科项目化学习三种类型。

---

① 埃德加・莫兰.复杂性理论与教育问题[M].北京:北京大学出版社,2004:24.
② 上海市教育委员会关于实施项目化学习推动义务教育育人方式改革的指导意见[EB/OL].(2023 - 08 - 16)[2025 - 05 - 20].https://www.shanghai.gov.cn/gwk/search/content/d22c1043024d4d0e9d32b85fd3392186.

活动项目化学习指向学生真实生活和发展需求,从真实情境中发现问题并转化为项目,可作为劳动、综合实践活动、地方课程和校本课程的实施方式,也可作为课后服务的活动方式。

学科项目化学习指向学科的核心素养培育,从学科实践中发现真实问题并转化为项目,可在学科教学中实施微项目、单元项目或跨单元项目。

跨学科项目化学习指向两个及以上学科的核心素养培育,探索将自然、社会中真实而复杂的问题转化为项目,综合运用多学科知识和能力解决问题,可结合相关学科课程标准中的跨学科主题进行实施。

就具体实施层面而言,学校和教师可以根据不同年级、不同学生的身心与认知特点和素养培育要求,探索三类项目化学习的不同组合实施。

2. 项目化学习的设计

项目化学习是一项系统的学习设计。素养视角下的项目化学习具有如下特征:指向核心知识的再建构;创建真实的驱动性问题和成果;用高阶学习带动低阶学习;将素养转化为持续的学习实践。基于上述学习素养视角下的项目化学习特征,在进行设计时具体包括以下六个维度,这六个维度既是项目化学习的设计要素,也是在进行项目化学习设计时的六个步骤。①

步骤1:寻找核心知识。项目化学习的设计不是从项目或活动开始,而是从培养学生理解和掌握的核心知识出发。设计者借助课程标准、教材等材料,能从概念或能力,确认与这些关键概念、能力相关的一系列基础知识和技能,以此达到知识与素养的兼得。

步骤2:形成本质问题并将其转化为驱动性问题。将核心知识用问题的方法表现出来。问题有两类:一类是设计者自己要非常清楚的本质问题,本质问题直接指向核心知识中的概念或能力,可以是抽象的;另一类是驱动性问题。

步骤3:澄清项目的高阶认知策略。项目化学习主要是通过高阶认知带动低阶认知,设计者需要澄清驱动性问题和学习成果中包含的主要的高阶认知策略类型。对高

---

① 夏雪梅.项目化学习设计:学习素养视角下的国际与本土实践[M].北京:教育科学出版社,2021:32—34.

阶认知策略的明确设计更能整合基础知识与技能,实现概念知识的项目化学习历程。

步骤4:设计者可以根据项目类型、驱动性问题的特征和项目历程融入适当的学习实践。明确各种实践的基本组成有助于设计出更能激发学生学习与思考的学习历程。

步骤5:明确学习成果与呈现方式。设计者需要在设计阶段就做好规划,对于驱动性问题的解决,期待学生个体、群体产生怎样的学习成果,成果要点有哪些,最低标准是什么,用怎样的方式公开呈现出来或应用到现实生活中。

步骤6:设计覆盖全程的评价。设计学习成果和学习实践的阶段,就已经涉及对成果和实践的初步评价要点的设计,这也是逆向设计的一种体现。然而,从实际的设计经验来看,很有必要在项目全部设计完后,再对成果和过程的评价进一步细化。

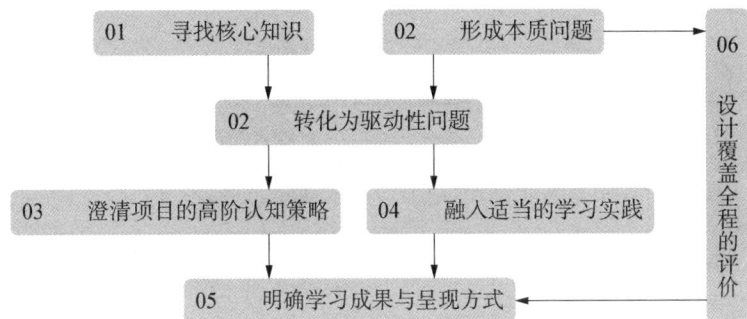

图2-3 项目化学习的设计框架

(二) 跨学科主题学习

《义务教育课程方案(2022年版)》要求,加强课程内容与学生经验、社会生活的联系,强化学科内知识整合,统筹设计综合课程和跨学科主题学习。原则上,各门课程用不少于10%的课时设计跨学科主题学习。[①] 无疑,推进跨学科主题学习是培育学生核心素养的重要举措,通过加强各学科间的关联,带动课程的综合化与实践化实施,实现

---

① 中华人民共和国教育部. 义务教育课程方案(2022年版)[M].北京:北京师范大学出版社,2022:5.

新课程的协同育人功能。对于新课程新教材的落实而言,跨学科主题学习既是一项重点,也是一项难点。

1. 什么是跨学科主题学习

跨学科主题学习是基于学生的发展需求,围绕特定主题,以本学科课程内容为主干,整合并运用多学科的知识、方法和视角,开展综合学习的一种方式。跨学科主题学习在义务教育各学科课程标准中有着不同的名称表述,也有着不同的类型与定位。

表 2-6　跨学科主题学习在义务教育学科课程标准中的名称表述

科目	名 称 表 述
道德与法治	/
语文	跨学科学习
数学	综合与实践
地理	跨学科主题学习
历史	跨学科主题学习
体育与健康	跨学科主题学习
物理	跨学科实践
化学	化学与社会·跨学科实践
生物学	生物学与社会·跨学科实践
科学	/
信息科技	跨学科主题
英语	英语综合实践活动
艺术	艺术实践
劳动	/

对跨学科主题学习的分类,主要可以从以下两大维度进行划分[①]:一是根据知识在跨学科主题学习中的定位来划分,二是根据跨学科主题学习主导学科的数量多寡来分。根据第一个维度,跨学科主题学习大致可以分为"运用知识以解决复杂问题"与"利用跨学科主题来学习知识"两大类型;根据第二个维度,跨学科主题学习大致可以分为"单学科主导的跨学科主题学习"和"多学科融合共同主导的跨学科主题学习"。上述两大维度视角下四种类型相互联系、相互交叉。

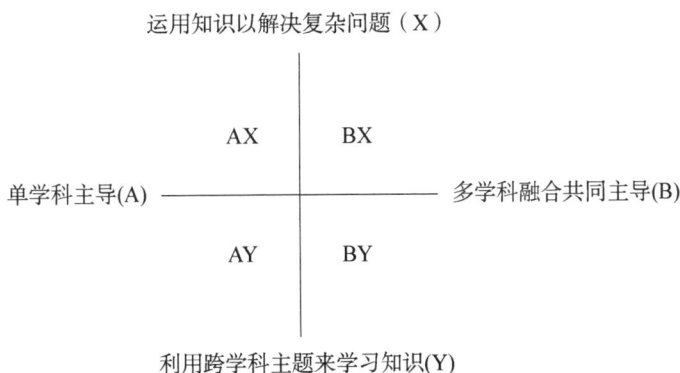

图 2 - 4 跨学科主题学习的基本类型

2. 跨学科主题学习的设计规格

跨学科主题学习的设计涵盖设计依据、学习主题、学习目标、学习内容(大问题、大概念和大任务)、学习过程、学习评价和学习资源等若干块面。

表 2 - 7 跨学科主题学习的教学设计表

一、基本信息			
主题名称		面向年级	
主题来源	学科课程/劳动/综合实践活动/校本课程/其他	所需课时	

---

① 郭华,等.跨学科主题学习:是什么? 怎么做? [M].北京:教育科学出版社,2023:23.

主要学科		关联学科	

二、跨学科主题学习的教学设计

教学设计简介	（本主题教学设计的整体思路和简要介绍）
设计依据	（所涉及学科的学科素养要求，跨学科素养要求，学情分析等）
学习目标	（可按照三维目标分别进行表述，也可在每一条目标的表述中体现三维；注意反映上述"设计依据"所提及的学科素养和跨学科素养的具体要求）
学习内容	（1.确定组织中心：如果以大问题作为组织中心，请列出核心问题与子问题链；如果是以大任务作为组织中心，请列出统领性任务以及子任务链；也可以同时呈现任务或问题，以任务为明线，以问题链作为任务设置背后的逻辑；2.阐释大观念：无论是大任务还是大问题，期望说明其所渗透的大观念；3.建构知识结构图：阐明本主题在问题解决中所应用的各学科的核心概念和技能）

方案一	学习过程	（本主题学生要参与的学习任务和最终的学习成果以及任务下具体的学习活动流程和组织形式；教师给予学生学习的引导和具体的资源、工具、支架等学习支持；如果本主题已实施过，可在每一个任务设计的后面呈现学生的学习表现、学习成果或学习收获）
	学习评价	（本主题的过程性评价方案、结果性评价方案以及对学习目标达成的意义）

方案二 | 学习过程与评价

若"学习过程"和"学习评价"能整合，可参照下表填写。

学习任务	学习活动	学习支持	学习评价	学习目标
任务一：×××				
任务二：×××				

特色与创新	（本主题设计的新颖独特之处以及可供借鉴和推广的价值）
附录	（可以根据需要，灵活补充其他相关材料）

　　跨学科主题学习的本质是回应真实世界的复杂性和变化性，它不仅仅关注培养学生的知识整合能力，更关注培养学生的认知灵活性，即在不同情境中面对问题和解决问

题的能力,这种学习方式是在未来社会应对不确定性挑战的关键之一。在推进跨学科主题学习的过程中,需要打破学科壁垒,关注学科间合作,采用多元评价方式,灵活分配课时,采用弹性课时制,也可以探索将跨学科主题学习嵌入到综合实践活动课程之中。

(三) 技术支持的学习

早在 20 世纪 80 年代,我国著名航天科学家钱学森对于将技术乃至人工智能用于教育人才培养方面就提出了自己的看法:

有一件教学方法的革新是国外已经试行了的,但我国似乎还没有做,即用电子计算机和必要的信息数据库同学生对话的教学系统……办法是把复杂的问题放在电子计算机和信息数据库中去,让操作的人,也就是学生跟它对话。……这实际上是把人工智能的专家系统用到人才培训上,这不是教学方法的大革新么?①

技术支持的学习是指运用计算机或互联网技术丰富学习体验、促进学习目标的达成。技术迭代日新月异,这里的技术既包括硬件如显示器、移动设备等,也包括软件系统或者应用程序,如电子邮件、公共论坛、虚拟社区、智能系统等。

对于技术支持的学习,通常包括以技术为中心和以学习者为中心两大类。以技术为中心的学习强调在教育教学中应用新技术,教师和学习者应该适应新技术,而不是新技术适应教师和学习者。以学习者为中心的学习,是将技术作为学习者学习的助手,关注学习者如何学习、如何看待技术和应用技术等。

表 2-8　以技术为中心的方法和以学习者为中心的区别②

方法	关注点	技术的角色	目标
以技术为中心	技术能够做什么	提供参与教学的机会	应用技术进行教学
以学习者为中心	人脑如何工作	辅助人类学习	改进技术以促进学习

---

① 钱学森. 要为 21 世纪社会主义中国设计我们的教育事业[J]. 教育研究,1989(7).
② 汉纳·杜蒙,戴维·艾斯坦斯,弗朗西斯科·贝纳维德. 学习的本质:以研究启迪实践[M]. 杨刚,等译. 北京:教育科学出版社,2020:158.

在这里限于篇幅关系,主要介绍主流领域中较为具有代表性的学生学习(Computer-Supported Collaborative Learning,CSCL)。

1. 计算机支持的协作学习:CSCL

元分析证据表明,与个体学习相比,协作学习对学生的学习态度、学习迁移、学习成就等变量都具有积极影响。[①] 计算机支持的协作学习是教育技术领域的重要研究方向。作为一个跨学科领域,CSCL 有机结合了计算机科学、教育学、心理学等多学科,旨在通过技术手段促进学习者的知识建构与学习协作。CSCL 的核心在于通过计算机技术(如网络平台、协作工具、智能系统等)有效支持学习者以小组或者团队的形式进行多元协作,共同完成知识建构、问题解决等。

CSCL 通过技术手段将协作学习理论转化为教学实践,重新定义了教与学的边界。未来,随着人工智能、元宇宙等技术的进一步发展,CSCL 将更加注重智能化、个性化和沉浸式体验,成为推动教育公平和提升教育质量的重要力量。

在开展 CSCL 时,教师需要注意并尽量规避以下问题:一是技术依赖,即网络稳定性、工具易用性可能影响协作效果。二是不平等协作,即搭便车效应,部分成员可能主导讨论或者合作,部分成员可能被主观或者客观地边缘化。三是社会存在感减弱,比如线上互动的形式可能缺乏面对面交流的情感温度和深度。四是教师角色转换,即教师需要从讲授者转为协作性的设计者与引导者。

2. 移动计算机支持的协作学习:mCSCL

现今,移动技术触手可及、无处不在,学习者可以随时在不同的学习环境和情境模式下共同构建知识、分享经验和开展协作。应用移动技术进行的学习被称为移动学习(Mobile Learning)。近年来,移动计算机支持的协作学习(Mobile Computer-Supported Collaborative Learning,简称 mCSCL)研究取得了蓬勃发展。根据不同的应用场景,移动计算机支持的协作学习主要包括课内 mCSCL、课外 mCSCL 和衔接课内与课外的mCSCL 三种类型。

---

① Pai, H., Sears, D., & Maeda, Y.. Effects of small-group learning on transfer: A meta-analysis [J]. *Educational Psychology Review*, 2015,27(1):79-102.

课内 mCSCL 主要是在传统的教室情境中通过网络设备、平板电脑等面对面地进行小组讨论、资料共享和实时反馈。课内的 mCSCL 有助于提升学生的学习参与度和实现课堂民主化。

课外 mCSCL 通常被用于各种户外活动和实地考察项目中,这种类型的学习突破了时间和空间的限制,有助于学生更灵活地参与多元学习活动。

衔接课内和课外的 mCSCL 是指通过移动技术将课堂内和课外的学习活动进行无缝连接。例如,课内的学习任务需要学生在课外继续完成或是课外收集的数据信息需要在课内进行分析和讨论,这种学习方式有助于形成连贯的学习过程,促进知识建构和应用深化。

mCSCL 通过移动技术的灵活性与即时性,正在重构协作学习的边界。未来研究需进一步关注新兴技术如何与教育学实践深度融合,同时解决数字鸿沟、隐私保护等伦理问题,以营造更加公平、更加高效的协作学习生态。

3. 关注新兴议题:人工智能赋能学生学习

21 世纪,人类已经步入智能时代。人工智能技术实现了跃迁式发展,取得了震惊世界的进步。为了顺应智能时代的发展趋势,世界各国都在积极探索人工智能教育课程建设,推进人工智能与教育教学的深度融合。

2025 年 4 月,美国南部地区教育委员会(Southern Regional Education Board,SREB)发布《K-12 课堂 AI 使用指南》,该指南旨在推动在教育教学中负责任地应用 AI 应用,从而增强学校促进学生学习成功这一核心使命。[①]

2024 年 9 月,上海市教育委员会印发了《上海市推进实施人工智能赋能基础教育高质量发展的行动方案(2024—2026 年)》(沪教委信息〔2024〕21 号),明确提出促进人工智能与教育深度融合,充分利用人工智能优势,加快人才培养模式变革、教育教学方法创新和治理能力提升,以先进数智技术满足个性化学习需求。

2025 年 5 月,我国教育部基础教育教学指导委员会发布《中小学人工智能通识教

---

① SREB. Guidance for the Use of AI in the K-12 Classroom [EB/OL]. (2025-05-22). https://www.sreb.org/sites/main/files/file-attachments/2025_ai_in_k-12classroom_guidance.pdf?1744905120.

育指南(2025年版)》和《中小学生成式人工智能使用指南(2025年版)》。两份指南互为补充,第一份人工智能通识指南为中小学的人工智能素养教育提供了系统化、操作化的整体框架,第二份生成式人工智能使用指南聚焦于最新技术的安全应用与创新赋能。

美国未来学家雷·库兹韦尔(Ray Kurzweil)甚至预言,未来人工智能将超越人类智能到达人类发展的奇点。如何拥抱人工智能时代、让人工智能成为我们的外挂大脑,更好地促进学习与生活?与此同时,如何让我们的孩子不被人工智能取代?上述是值得我们教育工作者思考并探讨的现实问题。

4. 技术支持学习的三大原则

原则之一:双通道原则(Dual-Channel)。学习者主要通过视觉通道和听觉通道处理信息,即通过视觉通道处理文字和图像,通过听觉通道处理语音和声音。举例而言,在教学视频中,用动画展示过程(视觉通道)同时配以解说(听觉通道),学习效果通常会优于纯文字教学或纯语音教学。

原则之二:有限容量原则(Limited Capacity Principle)。人的短时记忆容量有限,学习者一次只能处理少量的声音信息或者图像信息。举例而言,如果 PPT 上布满文字或者图片,学习者可能抓不住或记不住学习重点,反而会影响学习效果。

原则之三:主动加工原则(Active Processing)。有意义的学习有赖于学习者主动投入认知过程,而不是被动接收信息。在应用技术支持学习时,可以引导学生通过提问、自我解释、概括总结或者实际应用等来加深理解。举例而言,在学习物理中的电路时,可以通过模拟软件让学生学会自己连接电路、观察结果,这样会比仅仅观看教师的演示更有效果。

我们理解和应用上述三个原则的关键在于如何平衡多元信息的呈现方式、管理学生的认知负荷、促进学生主动参与,从而切实提升学习的学习效率和学习效果。目前,上述三大原则已经被广泛应用于教育、培训和设计等领域,是数智化时代进行学习设计、优化学习体验的重要参考。

总之,每个学生都是独特的个体,每个大脑都是独特的大脑。单一有效的学习方式是不存在的,普适的学习方式也是不存在的。每个学生都有着适合自己的学习方式,因而我们在开展学习方式研究时,我们既要遵循学习的共性规律,也要尊重学生的个体差异性,在此基础上强化学科实践,推进综合学习,引领学生经历发现问题、解决问题、建构知识和运用知识的学习过程。

三、学习评价

21 世纪,随着人们对学习的本质特征、发生机制、影响因素等的不断认识和深入理解,对学习评价的路径与方法也产生了深远影响。

《深化新时代教育评价改革总体方案》提出新时代教育评价改革的重点任务之一是"改革学生评价,促进德智体美劳全面发展"。《义务教育课程方案(2022 年版)》也明确提出,全面落实新时代教育评价改革要求,改进结果评价,强化过程评价,探索增值评价,健全综合评价,着力推进评价观念和评价方式方法改革。

新时代更加倡导评价促进学习的理念。对于学习评价的功能与价值,有一个相当简洁清晰的表述:学习评价不是为了证明(prove),而是为了改进(improve)。好的学习评价,注重引导学生合理运用评价结果来改进学习。如果说教学是为了达成特定的教育目标,对教学目标的分类也就是对学习结果的分类,即评估学生在学习之后所获得的认知、技能与能力发展等。在对学习成果进行描述和评估时,中小学教师可以主要遵从或参照美国教育心理学家布卢姆(Benjamin Bloom)的认知目标分类法和澳大利亚教育心理学家约翰·比格斯(John Biggs)和凯文·科利斯(Kevin Collis)提出的可观察的学习结果的结构分类法(Structure of Observed Learning Outcome,SOLO)。

(一)布卢姆的认知目标分类法

1956 年,美国教育心理学家本杰明·布卢姆(Benjamin Bloom)提出了经典教育目标分类框架,并将其用于系统化描述学习者在认知领域的思维层次。

表 2-9 布卢姆的认知目标分类

维度	维度描述	示例
记忆(Knowledge)	回忆事实、术语和概念	背诵公式、复述事件
理解(Comprehension)	解释或者归纳信息	用自己的话总结文章主旨
应用(Application)	将知识运用于新情境	用数学公式解决实际问题
分析(Analysis)	分解信息并理解其结构	比较两种理论的异同
综合(Synthesis)	整合部分形成新的整体	设计一份实验方案
评价(Evaluation)	基于标准做出判断	评价一篇论文的逻辑性

对于中小学教师而言,布卢姆认知目标分类法的核心价值在于提供了一种相对结构化的工具,可以利用该工具培养学生的批判性思维,促进学生的深度学习。

(二) 比格斯和科利斯的 SOLO 分类法

1982 年,澳大利亚教育心理学家约翰·比格斯(John Biggs)和凯文·科利斯(Kevin Collis)提出可观察的学习结果的结构分类法(SOLO),该理论主要用于描述学习者对某一主题的理解深度和思维复杂度。该理论的核心是通过分析学生回答问题的结构(而非内容)来评估学生思维所处的层级。SOLO 分类法将学习成果分为五个递进层级,从低阶思维到高阶思维,具体如下表所示。

表 2-10 比格斯的 SOLO 分类法

结构层级	具体内涵	示例:以光合作用为例
前结构 (Prestructural)	回答与问题无关,或仅重复信息	光合作用就是植物的作用
单点结构 (Unistructural)	仅关注一个相关因素,回答简单	光合作用需要阳光

结构层级	具体内涵	示例：以光合作用为例
多点结 （Multistructural）	列举多个因素，但未建立联系	光合作用需要阳光、水和二氧化碳
关联结构 （Relational）	能整合多个因素，建立逻辑关系	光合作用是植物利用阳光、水和二氧化碳制造氧气和葡萄糖的过程
拓展抽象 （Extended Abstract）	能超越具体情境，进行抽象推理或批判性反思	光合作用不仅支持植物生长，还影响全球碳循环和气候变化

比格斯等人的 SOLO 分类法为教师提供了评估深度学习的有效工具，尤其适合分析开放式问题或复杂性问题。教师可以根据这一分类法设计评估工具，评估学生的思维发展水平，促进学生高阶思维发展。

（三）素养导向的表现性评价

长期以来，传统纸笔测试在我国基础教育领域占据着主导地位。传统纸笔测试能够以低成本的形式来进行比较公正客观的评价，往往检测了学生记忆理解能力，忽视了学生在真实情境中解决问题的能力。核心素养导向的课程改革要求改进教育评价，关注对正确价值观、必备品格和关键能力的全面考察，开展综合素质评价。《义务教育课程方案（2022 年版）》提出，注重动手操作、作品展示、口头报告等多种方式的综合运用，关注典型行为表现，推进表现性评价。相关研究也表明，当教师将表现性评价嵌入课堂教学中能够促进教与学的过程，能够改善学生的学习表现，并提升学生的学习成效。

1. 什么是表现性评价

从字面意义上看，对表现性评价的直观理解就是对学生表现进行评价。

作为一种教育评价方法，表现性评价（Performance Assessment）通过观察学生在真实情境或模拟情境中完成复杂任务的表现，评估其知识、技能、思维过程及实际应用能力。表现性评价研究领域的主要代表人物是美国教育学者格兰特·威金斯（Grant Wiggins）和理查德·斯蒂金斯（Richard J. Stiggins）。威金斯提出了真实性评价（Authentic Assessment）这一概念，强调表现性评价的任务应该模拟真实世界的挑战，注重学生的知识理解和应用能力。斯蒂金斯提出"为了学习的评价"（Assessment for Learning），其代表作《促进学习的课堂评价》被誉为教育评价领域的经典著作，强调评价不是为了分级，而是应服务于教学改进，使用表现性评价可以为学生学习提供实时反馈。

在表现性评价中学生不是在预定的选项中进行选择，而是建构答案、开展活动、产出结果等。[①] 表现性评价的核心在于评估学生是否能够在真实情境中有效应用所学内容，而非单纯记忆或复现知识。与传统标准化测试相比，表现性评价强调学生的主动参与、问题解决和创造性表达，通常涉及开放性问题、项目设计、实验操作、演示或作品展示等形式。

2. 表现性评价的设计

表现性评价旨在检测高水平的、复杂的思维能力，并在评价的过程中促进学生获得这些能力。表现性评价的设计由三大部分组成[②]：一是目标，表现性评价从描述希望学习者达成什么高阶学习目标开始；二是任务，即学习者需要完成的任务（作业），所完成的产品（作品、表现），提供了指向目标达成的直接证据；三是评分规则，成功的标准通常以评分规则的形式出现，必须在学习者创作产品（作品/表现）前就制定好。

总之，学习评价是一项挑战。任何评价的一个核心问题在于评价结果的信度，这在很大程度上有赖于测量的信度与效度，即评价是否真实客观地测量了预期的知识、技能与能力发展，同时这种测量在学生、教师、学校之间是否具有一致性和可比性。

---

① Madaus, G. F., O'Dwyer, L. M.. A short history of performance assessment [J]. *Phi Delta Kappan*, 80, 688 - 695.

② 吴刚平，安桂清，周文叶. 新方案·新课标·新征程：《义务教育课程方案和课程标准（2022 年版）》研读[M]. 上海：华东师范大学出版社，2002：84.

美国教育学者简·查普伊斯(Jan Chappuis)提出了七种实用且高效的学习评价策略[①]:

策略1:为学生提供清晰易懂的学习目标与学习愿景

策略2:运用好作业和差作业作为样板和示范

策略3:在学习进程中有规律地提供描述性反馈

策略4:引导学生进行自我评价并预设下一步学习目标

策略5:根据学生学习需求确定下一步教学

策略6:设计聚焦性教学并配以提供反馈的练习

策略7:为学生提供学习机会追踪、反思和分享他们的学习过程

四、学习环境

学习环境是影响学习者认知、情感和行为的所有外部条件总和。学习环境包括物理空间、资源工具、人际互动和文化氛围等若干要素。学习环境创设的核心目标是支持学习者有效建构知识、学习技能和发展能力。

我国的很多典故和俗语等都说明了环境对人的重要影响,比如"孟母三迁"和"近朱者赤,近墨者黑"等等。学生在学习上取得的进展并不像建构主义者反复强调的那样仅仅是个人的事,也不像行为主义者说的那样是环境的事,它来自个体与环境的互动。[②]

学习环境创设是教育领域的重要议题。以学习为中心的学习环境可以提供互动性、鼓励性的活动,能够满足学习个体独特的学习兴趣和学习需求,有助于学生在不同

---

① Chappuis, J.. 学习评价7策略:支持学习的可行之道(第2版)[M]. 刘晓陵,等译. 上海:华东师范大学出版社,2019.

② 安德烈·焦尔当. 学习的本质[M]. 杭零,译. 上海:华东师范大学出版社,2015:140.

复杂情境下进行学习并加深理解。① 创设以学习为中心的学习环境,遵循的核心理念与设计要点如下:

(一) 核心理念

1. 学生主体性:以学生学习为中心

学生主体性理念凸显学生的学习主体地位,强调应该将学习者置于教学过程的核心地位,尊重学生在学习活动中的自主选择权,具体如学习目标的设定、学习方式的选择和学习成果的展示等等。

2. 社会建构性:关注对话互动协作

学生是在与环境的相互作用过程中进行学习并学会如何学习。以学习为中心的学习环境应该是学生能够积极投入学习并伴随着同伴交互的学习环境。因而,在创设学习环境时需要为学生提供协作学习机会。

3. 情境真实性:紧密联系现实世界

正如前面对 21 世纪学习特征的分析,21 世纪学习的关键属性之一是情境性。所有的学习都发生在一定情境之中,情境本身就是学习的一部分,既影响着学生的学习进程,也影响着学生的学习结果。情境真实性理念提示教师要设计与现实世界紧密关联的学习任务,如项目化学习、探究性学习等让学生在解决实际问题的过程中实现知识的迁移与应用。

4. 差异化支持:尊重学生个体差异

以学习为中心的学习环境创设,应该根据维果茨基(Lev Vygotsky)的最近发展区理论,基于学生的个体差异为学生提供个性化学习资源,满足学生多样化学习需求。

---

① Hannafin, M.J., & Land, S.. The foundations and assumptions of technology-enhanced, student-centered learning environments[J]. *Instructional Science*, 1997,25:167 - 202.

同时注重发挥新技术的优势,探索线上学习和线下学习的深度融合,更好地服务学生个性化学习。

(二) 设计要点

1. 物理环境设计:营造舒适灵活的学习空间

应用可移动桌椅、多功能学习站等,比如可以将多功能学习站划分为独立学习区、小组合作区和集体活动区,独立学习区为学生提供安静的个人学习空间,小组合作区配备便于讨论的桌椅和展示设备,集体活动区可用于教师讲解和全班分享等活动。通过知识墙、材料超市、数字终端等实现学习资源的可视化。

2. 认知环境构建:促进素养导向的深度学习

利用元认知工具,比如引导学生应用学习日志记录每天的学习内容、学习过程、学习心得和遇到的问题,逐步养成反思的习惯,提高学生的元认知能力。设计分层任务,构建基础性任务、挑战性任务和创新性任务三级体系,满足不同学生的学习需求。应用智能工具实现即时反馈评价,提升学生学习的积极性和主动性。

3. 社会情感环境:培育积极向上的学习氛围

建立合作规范,采用结构化讨论策略和协作化流程,引导学生有序地进行合作学习。通过班级层面或者学校层面的集体活动进行文化浸润,营造积极向上的学习文化。构建情感支持系统,探索同伴辅导制度,关注学生的心理健康,营造温馨和谐的学习氛围。

综上所述,学生主体性、社会建构性、情境真实性和差异化支持等核心理念为学习环境的设计提供了指导思想,而物理环境、认知环境和社会情感环境的设计要点则可以将上述核心理念转化为具体的实践操作。

对于学习环境的研究,中小学教师可以从以下研究视角进行选点切入。比如,应用具身认知理论创设小学生学习环境的实践研究。又如,班级氛围与中小学生学习动机的相关性研究,即研究班级的人际关系、学习风气、班级管理方式等因素对学生学习动机的作用,寻找营造积极班级氛围以促进学习动机的策略。再比如,教师期望对中小学生学业成绩的影响研究,探讨教师对学生的期望如何通过言语、行为等方式传递给学生,以及这种期望对学生学习动机、学习方式和学习成绩的影响,从而为教师合理运用期望效应,促进学生学习提供实践指导。

专栏 2-3　学习支架:促进更好地学习

学习支架是什么:学习支架是为促进学生达到学习目标,在学习过程中所提供的指导与支持,可以内嵌于学习活动或者任务序列之中。学习支架的英文是 scaffolding,直译过来就是脚手架,形象地来说就是在建筑行业中用来帮助工人进行施工时搭建的支架,当工程竣工之时脚手架即可拆除。

学习支架的理论依据:学习支架主要依据苏联心理学家维果茨基(Lev Vygotsky, 1896—1934)的最近发展区理论(Zone of Proximal Development)而来。

学习支架的主要类型:常见的学习支架有元认知支架(Metacognitive scaffolding)、同伴支架(Peer scaffolding)和技术支架(Technology scaffolding)等。

学习支架的使用要点:学习支架应该与学习内容、学习任务、学生的个性特征相匹配。

如果把学习看作一个连续的过程,每个学习过程都有相应的开始和结束。对于学生学习过程进行研究,大致可以包括课前、课中和课后三个阶段,具体分解为课前的学情分析、课中的课堂观察、课后的学校作业三大阶段。课前的学情分析,主要在于了解学生已有认知基础和学习需求等,更多的是对应学习的准备情况等;课中的课堂观察,主要关注学生在学习过程中的学习表现,更多的是对应学习的进程状态等;课后的学校作业,主要通过作业的形式来检测学生学习的成果成效,更多的是对应学习的巩固发展等。

一、课前:学情分析[①]

学生的学习不是空中楼阁。学生的学习总是在原有的知识基础上发生的,以学习者的先有概念为出发点,了解学生对于这门课程希望学习哪些内容、已经存在哪些认识与概念、存在哪些困惑的问题或者学习障碍……对于上述问题的认识与思考分析是教师开展有效教学的基本前提。

学情分析是指教师在教学前或教学过程中对学生的学习需求、学习风格、知识基础、能力水平、兴趣爱好等因素进行系统的分析和评估。每个学生的学习兴趣多样,学

---

① 注:学情分析应该贯穿于学生学习的整个过程,对于学情的分析不止在学"前",从学习过程的维度划分以及聚焦讨论议题的角度出发,在本书中对于学情分析的探讨主要置于课前这一阶段。

习起点不同,学习能力有所差异,如果教师对此没有了解,教学效果就会大打折扣,更难以做到因材施教,实现个性化教学。学情分析的主要价值在于让每个学生被看见、被支持,引领教师的教学从经验判断走向科学决策。

学情分析渗透于教学全过程,教学过程同时也是教师对学情进行分析反馈的过程。学情分析是因学设教、以学观教、以学论教、依学改教的重要前提和关键环节。学情分析是一个动态的连续的过程。具体包括课前的学习起点分析、课中的学习状态分析、课后的学习结果分析三个基本分析单元,具体如图2-5所示。①

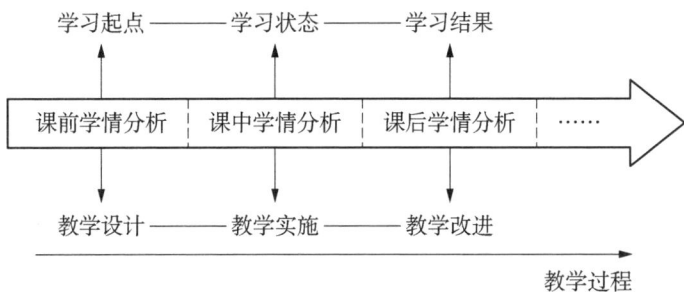

图 2-5　学情分析与教学过程整合示意图

课前的学情分析是教师进行教学设计的关键环节,旨在全面了解学生的学习基础、学习需求和学习特点,可以为教学目标的设定、内容的选择和策略的制定提供现实的依据。

1. 学情分析的主要内容

课前的学情分析聚焦于学生的学习起点,主要涵盖学习基础分析、学生特征分析、学习需求分析和学习环境分析四个方面:

一是学习基础分析:分析学生的已有知识储备,即是否具备学习新内容所需的先前概念、前置知识或者技能等;分析学生的学习能力水平,如理解能力、逻辑思维能力和动手操作能力等。

二是学生特征分析:分析学生的认知特点,比如学生所处年龄段的思维特征;分析

---

① 安桂清.课例研究[M].上海:华东师范大学出版社,2018:145—146.

学生的兴趣爱好,以此激发学习兴趣和学习动机;分析学生的学习风格,是视觉型、听觉型还是动手实践型等;

三是学习需求分析:分析学生的学习动机和期望达成的学习目标等;分析学生的个体差异,针对学习困难、认知障碍或资优学生群体等,识别其特殊学习需求,评估学生学习所需要的额外支持。

四是学习环境分析:分析家庭、社会、文化等对学生学习的影响,比如家庭是否具备在线学习设备或者学科实践资源工具等。

2. 学情分析的主要方法

(1) 数据收集法:通过测试测验、问卷或作业分析学生知识掌握情况;进行档案查阅,查看学生过往成绩、作业、教师评语等记录;通过问卷调查了解学习兴趣、学习习惯和学习困难等。

(2) 观察访谈法:通过课堂观察记录学生的学习生参与度、互动表现等;通过个别访谈,针对特殊学生或典型样本进行深入交流;通过小组讨论发现共性需求或共性问题。

(3) 技术辅助法:应用学习管理系统的数据分析功能,依托在线平台和在线测评工具进行学习行为跟踪,形成学情分析报告等。

(4) 经验分析法:基于教师以往的教学经验进行预判,比如某个知识点学生容易混淆;通过与其他教师讨论学生共性和个性。

在开展学情分析时,教师需要注意以下五个方面:一是要避免主观臆断,不能仅凭经验猜测学生学习水平,而是需要结合数据和实际证据;二是要关注动态变化,学情具有动态性和复杂性,需要定期更新分析;三是要尊重个体差异,避免"一刀切",尤其是需要关注存在学习障碍、文化差异的特殊需求学生;四是要注意保护学生的隐私,在进行问卷调查或数据分析时对敏感信息进行匿名处理;五是要避免过度分析,着力聚焦学情分析的关键问题。

二、课中:课堂观察

课堂观察(Classroom Observation)是指研究者或者观察者带着一定的目的,凭借自身的感官(如眼、耳等)以及有关辅助工具(观察表、录音录像设备等),直接或间接从课堂上收集资料,并依据收集来的资料开展相应研究的一种教育科学研究方法。

(一) 课堂观察的观察点

课堂观察是一种课堂研究。作为课堂研究的问题,首先是真实的问题,是在这个教师执教的这个班级里目前发生的问题;其次是值得研究的问题,是具有典型性、需要迫切解决的问题;再次是能够研究的问题,是执教者和观察者的能力和水平足以驾驭的问题。对于课堂观察点的选取,有以下框架可以作为参照。

1. 课堂观察框架的 LICC 范式

2005 年 3 月,浙江余杭高级中学成为华东师范大学课程与教学研究所的实验学校。华东师范大学崔允漷教授和浙江余杭高级中学的老师们建构了一个课堂观察框架,探索将课堂分解为学生学习(Learning)、教师教学(Instruction)、课程性质(Curriculum)、课堂文化(Culture)4 个维度,每个维度由 5 个视角构成,合计 20 个视角,每个视角又由 3 至 5 个观察点组成,合计 68 个点,可以简要概括为 4 个维度,20 个视角和 68 个观察点。[①]

表 2 - 11　LICC 课堂观察框架

维度	视　　　角
学生学习(L)	(1)准备;(2)倾听;(3)互动;(4)自主;(5)达成
教师教学(I)	(1)环节;(2)呈示;(3)对话;(4)指导;(5)机智
课程性质(C)	(1)目标;(2)内容;(3)实施;(4)评价;(5)资源
课堂文化(C)	(1)思考;(2)民主;(3)创新;(4)关爱;(5)特质

---

① 沈毅,崔允漷.课堂观察:走向专业的听评课[M].上海:华东师范大学出版社,2008:105—107.

表 2 - 12　学生学习维度的观察视角与观察点

视角	观察点举例
准备	○ 课前准备了什么？有多少学生做了准备？ ○ 怎样准备的(指导/独立/合作)？学优生和学困生的准备习惯怎样？ ○ 任务完成得怎样(数量/深度/正确率)？
倾听	○ 有多少学生倾听老师的讲课？倾听多长时间？ ○ 有多少学生倾听同学的发言？能复述或用自己的话表达同学的发言吗？ ○ 倾听时,学生有哪些辅助行为(记笔记/查阅/回应)？有多少人发生这些行为？
互动	○ 有哪些互动/合作行为？有哪些行为直接针对目标的达成？ ○ 参与提问/回答的人数、时间、对象、过程、结果怎样？ ○ 参与小组讨论的人数、时间、对象、过程、结果怎样？ ○ 参与课堂活动(小组/全班)的人数、时间、对象、过程、结果怎样？ ○ 互动/合作习惯怎样？出现了怎样的情感行为？
自主	○ 自主学习的时间有多少？有多少人参与？学困生的参与情况怎样？ ○ 自主学习形式(探究/记笔记/阅读/思考/练习)有哪些？各有多少人？ ○ 自主学习有序吗？学优生、学困生情况怎样？
达成	○ 学生清楚这节课的学习目标吗？多少人清楚？ ○ 课中有哪些证据(观点/作业/表情/板演/演示)证明目标的达成？ ○ 课后抽测有多少人达成目标？发现了哪些问题？

2. 鲍里奇(Gary D. Borich)课堂观察的八个领域[①]

领域 1:感受课堂氛围。教室里的课堂氛围即学习环境,包括两个方面,即教室的物理环境与心理环境。比如学生的学习期待和学习热情、教室环境的布置、学生的合作意识与竞争意识等。

领域 2:聚焦课堂管理。课堂管理主要包括教师组织课堂活动、对学生可能出现的行为做出估计、对学生的行为做出回应等,目的在于帮助创设有利于提高学生高效

---

① 鲍里奇. 教师观察力的培养:通向高效率教学之路[M]. 么加利,张新立,译. 北京:中国轻工业出版社,2006.

率学习的环境。具体包括课堂教学常规、对突发事件的反应机制等。

领域3:探寻教学过程的清晰度。教师清晰、简洁地表达与组织教学内容的能力,具体包括课前出示明确的学习目标,学习内容既基于学习的已有知识,又能满足学生的学习需求,对教学内容的梳理与概括,运用实例与图表等拓展教学内容。

领域4:查证教学指导方式的多样性。综合运用多种教学方式来完成特定的教学目标。具体包括运用多种方式来吸引学生的注意力,调动学生的学习积极性并投入学习。

领域5:明确教学目标定位。制定与相应课程、教材相一致的教学内容规划;运用一定规则或者程序估计一些失范行为的出现,采取措施抑制这种行为;经常性地对知识点进行测验、复习、作业巩固等,以保持课堂教学具有原动力。

领域6:检验课堂上的学生参与。为学生的学习提供指导,注意利用反馈;学习活动显示自身特点,强调学习过程的自我指导;对学生进行经常性的口头表扬,表扬避免空泛,应具有明确的指导意义;检查与指导课堂作业的完成。

领域7:评估学习的成功。教学内容的组织应当适应原有的学习基础;即时性的反馈与纠正;利用复习、规划、练习和测验等方式,脚踏实地实现教学目标。

领域8:培养高品质的思维能力。高品质的思维能力体现在思维的批判性、逻辑性及问题解决时的思维过程之中。在教学中,对高品质思维的培养主要通过以下方式来完成:小组合作学习,明确学习心理倾向及学习策略,安排学生自我设计与规划,让学生口头表达,给学生提供独立实践的机会,评估学生的行为,建立学生档案。

(二)课堂观察的主要方法

对于课堂观察而言,观察者所了解、掌握的样式和体系越多,选择的余地就越大,就越能达到观察与研究的目的。常见的课堂观察有两种方式:一种是定性观察,一种是定量观察。

1. 定性课堂观察

(1) 定性观察的定义

研究者依据粗线条的观察纲要,在课堂现场对观察对象做详尽的多方面的记录,并在观察后根据回忆加以必要的追溯性的补充和完善。定性观察结果的呈现形式是非数字化的，分析手段是质化的，主要用的是归纳法。这些非数字化的方法常包括：书面语言、用录音设备记录的口头语言、影像和照片等。

在我国的课堂观察研究中，定性观察占绝大多数，但是这些定性观察较多地依赖于个人经验和主观臆测，往往缺乏系统的理论框架以及可操作的方法和手段。

（2）定性观察的记录

定性观察记录主要包括描述记录、图示记录和工艺学记录三种形式，它们分别通过文字叙述、图形描绘和技术手段对观察对象进行客观、详细的记录。

① 描述记录

描述记录是指对观察目标进行的除数字之外的各种形式的记录。描述记录可以是预先设置好观察的分类框架，也可以是没有观察的分类框架。描述记录的针对性更强，描述更细致，更强调事物发展的内在线索和逻辑。

表 2 - 13　描述记录的对比[1]

含混的记录	具体的记录
男孩在陌生人面前很不安。	在这些陌生人面前，男孩显得很不安，他一直变换双脚的姿势，结巴地说话，他的声音低得很难被听到，还一直摸着左臂上的结疤，当陌生人开始走向屋子，他跑到屋后就消失不见了。
那孩子很生气，因为邻居的孩子们不肯和他玩。	那孩子告诉我他很生气，因为邻居的孩子们不肯和他一起玩，他说他曾带着他的弓和箭到明华（邻居）的家，但成生和章翔（邻居的孩子）把他追赶出去，还叫着辱骂他。

最常用的描述记录方式就是田野笔记。田野笔记，是指研究者运用书面语言的形式记录在针对某个较大主题的参与观察的过程中所看到、听到、经验到和想到的信息。田野笔记也称为实地笔记，是定性课堂观察中最基本的记录方式。

② 图式记录

图式记录是使用位置图、环境图的形式直接呈现观察信息。在定性观察中，图式

----

① 陈瑶. 课堂观察指导［M］. 北京：教育科学出版社，2002：105.

记录是一种更为直观的记录方式,多作为一种辅助性的观察手段。

③ 工艺学记录

工艺学记录是指使用录音带、录像带、照片、视频等电子形式对所需研究的学习行为和关键事件做现场的永久性记录。在课堂观察中,工艺学记录也多作为一种辅助性的观察手段。

(3)定性观察的特点

定性课堂观察具有情境性、描述性和解释性的特点。定性课堂观察的核心在于捕捉课堂动态过程,揭示教学现象背后的深层逻辑与情境关联。

① 定性观察的优点

一是,研究视角的整体性、情境性和开放性。定性课堂观察尽量贴近现实去记录、诠释,记录时观察者的视角受到较少的限制,它可以记录的是较大事件的片段,包容最大限度的背景因素,充分而整体地描述观察的情境,保留课堂事件的自然顺序。这种方式贴近现场、贴近情境、贴近被研究者、贴近事物的本来面貌。二是,研究过程的动态性和灵活性。在定性课堂观察中,研究资料的搜集、分析以及解释的过程交互渗透,研究的灵活性很大,随时都可能发现一些没有预料到的但是值得研究的问题。三是,资料分析的"扎根性"。定性观察主要是从原始资料中归纳出行为、事件的脉络与模式等,而不是去验证已有的理论,更加强调对事件进行详尽、更深入的分析与探索。四是,观察记录的简便性。对于定性观察而言,观察者本身就是观察工具,借助纸和笔就可以进行观察记录。

② 定性观察的不足

一是,只能针对小样本,研究结论不能广泛推广。定性观察通常只能针对小样本,常常需要较长的时间段,对于校外的研究者而言,很难进行长期观察。二是,研究资料处理烦琐、相对更耗时。定性观察会产生大量的文字材料,资料的处理较为烦琐耗时。三是,记录水平与观察者的研究经验、描述能力关系很大,主观性和个别性较强。

2. 定量课堂观察

(1)定量课堂观察的定义

定量课堂观察是运用事先准备好的一套定量的、结构化的记录方式进行的课堂观察。与定性观察相对应,定量观察更多的是用数据的形式来记录观察课堂的一种方式。定量课堂观察的理论基础为实证主义。

(2)定量课堂观察的记录

定量的记录方式可以统称为分类体系(category systems),因为对事件、行为和场景的结构分解其实就是对它们的要素进行分类。分类体系的特点为预先设置行为的类目,然后对在特定的时间段内出现的类目中的行为做记录。记录方式主要包括编码体系、记号体系、项目清单和等级量表等。

最为著名、最具代表性的编码体系为美国学者弗兰德斯(Ned Flanders)的互动分析分类体系(Flanders' Interaction Analysis System,FIAC),该编码体系自 20 世纪 60 年代以来得到了广泛的应用。弗兰德斯的互动分析分类体系是对师生的言语互动进行研究,把课堂的言语活动分为十个种类,每个分类都有一个代码。它主要采用时间抽样的办法,在指定的一段时间内,每隔 3 秒钟观察者记录下最能描述教师和班级言语行为的种类的相应编码,并记录在一个统计表中。

表 2-14　弗兰德斯师生言语互动编码系统(FIAC)

分类		编码	内容
教师说话	间接影响	1	接纳学生的感受(接受感情)
		2	表扬或鼓励
		3	接受或使用学生的观点
		4	提问
	直接影响	5	讲解
		6	给予指导或指令
		7	批评或维护权威性
学生说话		8	学生被动说话
		9	学生主动说话
无效语言		10	沉默

表 2 - 15　弗兰德斯师生言语互动数据表

	1	2	3	4	5	6	7	8	9	10	11	12	13	14	15	16	17	18	19	20
1																				
2																				
3																				
4																				
5																				
6																				
7																				
8																				
9																				
10																				
11																				
12																				
13																				
14																				
15																				

说明:1. 在课堂观察中,每隔3秒钟取样一次,并在事先设计好的记录表中记下一个编码,以此形成课堂观察记录。2. 一分钟包括20个3秒,数据表每行共有20个方格,可记录1分钟内20个行为编码。3. 纵列的15行代表一段15分钟的连续观察。

FIAC体系是一个简单而典型的编码体系,了解和应用它相对容易,受过培训的观察者之间能达到较高的一致。FIAC体系的分类是非判断性的,即在记录过程中不作好坏的价值判断,只是客观地呈现事实。

在应用FIAC分类体系时对于一些非语言方面的信息容易被遗漏,十大种类的分类过于笼统。比如一个老师的课堂观察在前几分钟内记录了大量的"10"。按照弗兰德斯的编码体系，"10"代表"沉默"，不在课堂现场的人很难弄清楚在这段时间内到底发生了什么事情。实际的情况是，在这一段时间内教师播放了一段视频录像，而播放录像这个课堂行为在弗兰德斯的分类体系中只能归入第10类。

（3）定量课堂观察的特点

① 定量观察的优点

一是，低推断，少判断，相对客观。开展定量观察时，观察者在记录时多运用相同的标准，假如标准明确，记录准确，观察结果就不容易受到观察者个人偏见的影响，观察技术相对客观。二是，研究样本可稍大，研究代表性较强。定量观察比较注重科学、客观和系统性，观察的工具一般可以反复使用，研究的信度较高。相对定性观察而言，研究的样本可以稍大，这样研究的代表性也比定性研究要强。三是，运用统计学的方法分析资料。定量观察的数据资料可以通过计算机进行统计分析，资料分析的过程较为简单、客观，说服力较强。

② 定量观察的不足

一是，封闭性和控制性较强，视角单一。定量观察只对预先设定的观察项目进行观察，较少考虑课堂教学的背景性因素，有时难免片面，难以概括课堂全貌。二是，在实际操作中很难做到绝对的科学和客观。尽管不少公用的观察量表具有较高的信度和效度，但是也有很多观察表本身的科学性是存在争议的，有些定量观察虽然得出了数据结论，但是数据并不意味着科学。

3. 课堂观察方法的综合运用

随着人们开展课堂观察研究的不断深入，对定性课堂观察和定量课堂观察的利弊在实践中有了更深刻的体悟，定性的课堂观察带有过多的个人主观印记，定量的课堂观察又存在着纯技术性的缺陷。

从以上对于两种主要的课堂观察方法的探讨中，我们可以发现，在一个较好的、较为完整的课堂观察研究中，定量观察和定性观察并不是非此即彼的两个极端，定量观察强调观察者记录的客观性和科学性，其观察研究结果以数字呈现，使复杂的教育现象简约而突显，且量化的数据可以运用电脑进行统计学的方法分析；定性课堂观察具有开放性和全局性特点，观察者记录的是较大的课堂情境的片段，包容最大限度的背景因素,同时还夹带着个体对这段情境中有价值的事件的理解。

教育既是一门科学,也是一门艺术。课堂教学中的现象是复杂多变的,教师如果要想很好地理解课堂、研究课堂和把握课堂就需要将定性的课堂观察和定量的课堂观察结合起来。因而,随着课堂观察方法的不断丰富,现今人们更倾向于追求定量研究和定性研究的结合,既可以弥补定量观察方法较少考虑背景因素的片面局限性,也可以弥补定性研究在记录和处理观察记录时的主观性和烦琐性的缺憾,基于两种观察方法的优势综合应用两种方法已经成为课堂观察研究的主流趋势。

(三)课堂观察的基本流程

课堂观察是一个多方持续合作研究的系统工程。课堂观察一般包括三个程序:课堂观察前、课堂观察中和课堂观察后。其中现场观察是整个课堂观察活动的核心所在。

一是课堂观察前的观察准备。在观察准备阶段,需要明确观察目的,选择观察对象,拟定课堂观察计划。在明确观察目的,选择观察点的时候,就是要选择观察对象。同时,准备好相应的观察工具(观察表、录音笔等)。

二是课堂观察中的进入课堂。进行课堂观察时,最好提前五分钟进场,让学生能有适应的时间。同时,根据观察任务来确定观察位置。具体而言,就是选择使学生背对观察者的观察位置,或者处于学生注意中心之外的位置。课堂上发生的很多事件都需要快速而系统地记录。想要做到这一点,观察者所坐的位置及方式必须有利于使课堂上发生的一切都能纳入自己的视野。

三是课堂观察后的分析总结。在这一阶段,主要是分析资料,得出观察结论,尽量有效利用搜集来的原始资料,准确解释结果,形成研究报告和研究论文。

(四)课堂观察的资料分析

1. 定性课堂观察资料的分析

对定性课堂观察资料进行分析的过程是与原始记录文字打交道的过程,即从大量的原始文字资料中发现有价值的研究主题。定性课堂观察方法的资料分析不同于定量课堂观察方法的分析,其具体的分析方法是多种多样的。

(1) 从资料中产生编码类别。通过分析大量的原始文字资料或视频信息,发现有价值的研究主题,发展出分析的框架与类别。在此仅列举常见的几种编码类别作为教师开展研究的参考。

一是场景编码。按照研究的主题、观察的场所或者研究对象的背景资料等来进行编码。这些资料能够显示出观察研究的大致框架。比如,可以根据教室的布置、班级的人数、男女生的比例等情况进行归类。

二是过程编码。按照所观察事件随时间而改变的顺序进行编码,也可以呈现研究对象状态的变化。过程编码的名称常常是时期、阶段、步骤、年代或者状态的变化等,如"开学第一天""下午第一节课"等等。

三是活动编码。按照经常发生的事件行为种类进行编码,可以是非正式的活动,比如学生打闹;也可以是正式活动,比如早操、晨读等等。

(2) 对定性观察材料的分析不追求普遍意义。定性课堂观察材料分析的主要目的,不是试图通过样本分析找到一个可以推广的普遍规律,而是在于对现象进行深入细致的研究,从而为处于同类情境的教学活动起到一种观照作用,通过这种认同或推广,因此定性课堂观察一般都是针对小样本进行的。

(3) 定性资料的收集过程与分析多同时进行。开展定性观察的研究,观察者在记录材料的同时,可以做出自己对材料的分析和解释,并随时决定或调整资料收集的方向和程度。这样,随着资料的逐步积累,其中的研究主题就会慢慢集中呈现,随后研究者就可以渐渐完成资料收集工作而把精力专注于资料的综合分析与解释方面。如果研究者把资料分析的工作全部放在资料收集完成之后再做,那么在资料收集中出现的缺失和漏洞等问题,可能就很难再回到现场去进一步收集资料。收集到的资料也可能会因为没有及时围绕主题进行调整,从而导致使用效果的降低。

(4) 定性课堂观察资料的解释及展示。在这个问题上,学术界是有分歧的。有的学者认为,定性的资料不仅需要整理,而且需要作出相关的解释。但也有学者认为,只需要在整理的基础上进行描述,不用作出解释或推断。秉持这种观点的人认为,解释应该是读者的事。还有人认为需要对资料进行解释,但解释要与描述分开进行。

2. 定量课堂观察资料的分析

（1）定量观察数据分析的常见统计技术。观察者在对定量的课堂观察数据进行统计分析之前，首先需要弄清楚所收集数据的性质和意义，以及通过这些数据自己想要得到什么信息，然后选择合适的统计方法对数据进行统计与分析。定量数据分析的常用统计方法，包括简单计算、相关关系以及组间差异比较等等。

（2）在统计分析中运用计算机。在分析处理定量课堂观察的数据时，如果数据资料较少，那么只需要进行简单的计算，可以运用手工或者计算器来进行分析，尤其对于大样本等情况，必须运用计算机或者智能软件进行数据处理。

三、课后：学校作业

对于作业，早在我国古代的《学记》中便有这样的记载，"时教必有正业，退息必有居学"。作业的话题一直备受教育者和家长们的关注，作业是否能够提升学生的学习成绩、布置多少作业量才是合适的、学生更喜欢哪些类型的作业、什么样的作业反馈形式更有助于学生学习等问题经常会引发一系列的讨论和思考。有研究表明，作业焦虑是与学习最为相关的典型负面情绪。[1] 对于作业问题和教育问题，我国著名社会学家费孝通先生曾经描述了发生在自己家里的现实情形：[2]

以我自己的家来说，儿童的教育这两年也觉得很紧张。我家是六口之家，三代人，老夫妻两口，女儿女婿两口，一个外孙女，一个外孙。外孙女去年进的中学，外孙快小学毕业了。我家里从去年开始，晚上经常发生问题，大人要孩子看书，孩子要看电视，可是功课繁重，每天的作业做不完。小的那个明年要考中学，但整天想玩，天天挨骂。我想帮孩子说几句，可明年考不上重点中学，又该怎么办？对这个问题我感到很棘手。

学校作业是依据课程标准和教材，结合教学和学生实际情况，布置给学生利用课

---

① 汉纳·杜蒙，戴维·艾斯坦斯，弗朗西斯科·贝纳维德.学习的本质：以研究启迪实践[M].杨刚，等译.北京：教育科学出版社，2020:83.
② 费孝通.开展教育社会学的研究[J].教育研究，1982，3:19—22.

堂教学以外时间完成的学习任务,是学校育人的重要载体。①

2025年,上海市教育委员会发布了《关于优化上海市义务教育学校作业管理提高作业育人水平的通知》,提出要充分发挥作业育人功能、切实提升作业实施质量、严格控制学生作业总量和健全作业管理服务体系,并推动学校逐步建立"小学每周一天无作业日、初中每周一天无书面回家作业日"的制度。

我国有研究者从作业价值取向、作业目标、作业内容、作业结构、作业关联性、作业改进完善等方面,提出了课程视域下作业设计的六大基本策略与方法②:基于课程目标整体设计作业目标,作业内容与作业目标保持一致性,作业各关键要素具有内在结构性,作业内容要求需体现纵横衔接性,依据作业结果反思完善作业设计,关注个性学习的差异化作业设计。如下图所示,关注个性学习的差异性作业设计,是每个策略与方法都必须要关注的核心理念,这也体现了课程视域下作业设计的核心价值追求。课

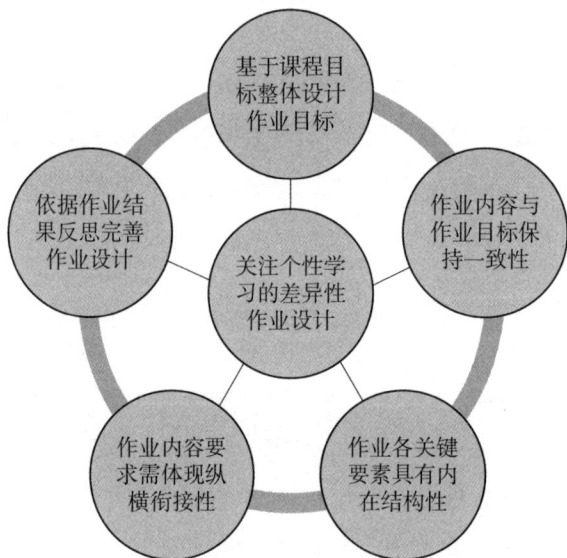

图2-6　课程视域下作业设计的六大基本策略与方法

① 上海市教育委员会. 关于优化上海市义务教育学校作业管理提高作业育人水平的通知[EB/OL].
[2025-5-23]. https://edu. sh. gov. cn/xxgk2_zhzw_zcwj_02/20250522/d8321d2c413c42abb13731
f856ef18d8. html.
② 王月芬. 课程视域下的作业设计研究[D]. 上海:华东师范大学,2015.

程视域下作业设计的基本策略不仅反映了作业设计各环节的基本流程,而且反映了作业设计各个策略方法之间是紧密相关的。它们之间不是相互孤立的,也不是简单的线性关系,而是一个自我循环的系统。

对于作业研究,也有国外研究者从学生的视角出发提出了如下观点:"造成学生作业质量不高的原因很简单——他们没有看过高质量的作业模板。无论这个作业是一篇很有说服力的论文、几何证明还是一个历史报告,大多数学生都没有分析过一个真正好的作业模板是什么样的。"①

对于作业研究,根据"双减"和"双新"等教育改革要求,中小学教师可以选择以下研究方向:

一是育人功能导向的作业设计研究。研究选题示例如下:跨学科实践性作业的设计与实施研究,分析如何通过学科融合作业来培养学生的真实问题解决与创新实践能力;分层作业设计与个性化育人的实践研究,探索如何根据学生认知差异设计"基础巩固＋能力提升＋拓展创新"分层作业;非书面作业的育人价值与实施策略研究;等等。

二是作业实施质量的优化研究。研究选题示例如下:单元整体作业设计的科学性与规范性研究,分析如何将单元目标拆解为课时作业目标,避免作业的碎片化;数智技术在作业批改与反馈中的应用研究,探索 AI 批改与教师面批的结合模式;作业订正指导策略与学习能力培养研究,等等。

三是作业总量控制的创新研究。研究选题示例如下:"无书面作业日"的活动设计与育人效果研究;作业本记录制度对学生时间管理能力的影响研究,分析学生自主作业记录行为是否有助于提升时间规划意识与作业效率;学科作业总量统筹机制的校本化实践研究;等等。

四是作业管理服务体系的构建研究。研究选题示例如下:作业设计比赛对教师专业能力提升的作用研究,分析作业设计比赛与展示活动对教师单元设计思维和创新能力的促进效果;数智化作业管理平台的功能需求与应用场景研究,调研教师、学生、家长对作业公示、数据分析、反馈跟踪等功能的现实需求;作业监测预警机制的指标体系构建研究;等等。

---

① 罗恩·伯杰,利娅·鲁根,莉比·伍德芬. 做学习的主人:学校变革中的学生参与式评价[M]. 张雨强,译. 长沙:湖南教育出版社,2020:13.

上海市义务教育学校作业管理负面清单①

1. 作业内容不得超出课程标准要求,不得布置超量作业,不得随意拔高作业难度。

2. 不得布置无效的重复性作业,不得布置形式化的作业。

3. 不得强制要求学生、家长对作业本、作业成果等进行包装。

4. 不得使用带有侮辱性、嘲讽性的言语或符号批改、反馈作业。

5. 不得根据作业完成情况对学生进行不当惩戒。

6. 不得要求学生利用课间完成作业,不得占用学生体育、艺术、劳动等课程时间对学生进行作业辅导。

7. 不得给家长布置或变相布置作业,不得要求家长检查、批改作业,不得要求或变相要求家长给学生布置作业。

8. 不得要求学生、家长打印学校布置的作业或违规收取相关费用。

9. 不得以作业辅导等名义利用双休日、寒暑假时间进行集体补课或变相集体补课。

10. 不得以教学用书目录以外的教辅材料代替日常作业或寒暑假作业,不得将寒暑假作业完成情况与新学期学籍能否注册等相挂钩。

---

① 上海市教育委员会. 关于优化上海市义务教育学校作业管理提高作业育人水平的通知[EB/OL]. (2025 - 05 - 23)[2025 - 05 - 26]. https://edu. sh. gov. cn/xxgk2_zhzw_zcwj_02/20250522/ d8321d2c413c42abb13731f856ef18d8. html.

第三章

学生学习研究的方法举要

　　教师开展学生学习研究离不开研究方法的助力,掌握科学有效的研究方法是开展学生学习研究、促进学生成长的前提。目前,对大部分中小学教师而言,并不是不知道研究方法,相反教师们对文献研究、问卷调查、案例研究、比较研究等常用方法都耳熟能详;对话语分析、视频研究、学习日志等新兴方法也并不陌生。然而,问题是很多教师满足于一知半解或浅尝辄止,认为堆积几条文献就等于文献研究,根据感觉列出几个问题就视为问卷调查,这不但不利于开展学生学习研究,也无益于教师的自身专业发展和教育教学实践。本章将对这些方法进行详细介绍,希望能帮助教师更加全面科学地掌握这些方法。

第一节
学生学习研究的常用方法

学生学习研究的常用方法有多种。本节择其要者,主要介绍教师们在研究中频繁使用的文献研究、问卷调查、案例研究和比较研究等四种方法。这些看起来简单的方法,真正要运用好并不容易,"社会科学家最艰难的任务其实是进行高深的定性资料分析"[1]。

专栏3-1　资料分析的难易[2]

当运用不同的研究方法收集资料后,要进行定性或定量的分析。人们通常认为,似乎通过文献研究、案例研究等方法进行资料收集分析比较简单,而问卷调查、实验法等需要统计知识的方法则比较复杂。实际上并非如此,我们将艾尔·巴比的分析简要陈述如下,"1"是最容易做到的,"4"是最难的(见下图)。

	简单的	复杂的
定性的	1	4
定量的	2	3

---

[1] 艾尔·巴比.社会研究方法(第11版)[M].邱泽奇,译.北京:华夏出版社,2018:373.
[2] 艾尔·巴比.社会研究方法(第11版)[M].邱泽奇,译.北京:华夏出版社,2018:373.

（1）就我的经验来说，对社会生活进行观察并由此推测其中的含义，是相对比较容易的。

（2）即使是简单的定量资料分析也比上述情况稍微艰难一点，因为这起码需要一定层次的统计技巧。

（3）进行复杂的、有意义的定量资料分析需要很多思考和想象力。在这一过程中，已经有了很多进行定量资料分析的强大工具，但是，真正好的发现都不是通过对技术的死记硬背、生搬硬套得来的。

（4）社会科学家最艰难的任务其实是进行高深的定性资料分析。虽然这个过程同样需要在（3）所提到的献身精神和相关能力，它更需要研究者的洞察力而不是分析工具。今天的定性分析不仅是一种科学，也是一种艺术。

一、文献研究

（一）文献研究是什么

1. 文献及其分类

文献包括原始文献（第一手文献）和第二手文献，前者指的是由亲身经历某一事件或行为的人所写的资料；后者指利用别人的原始文献所编写或产生出的新的文献资料。[①] 例如，为了研究小明的创造性思维，小明的数学老师借助了自己观察小明的课堂表现而撰写的述评文字、小明的数学试卷成绩、自己对试卷的分析等，这些都属于原始文献；如果老师认为这些资料还不够，又阅读了小明家长的记录、班主任和其他任课老师的评语等，这属于第二手文献。

以下对文献更为具体的分类，受到学术界普遍认可，具体分为（1）零次文献，即曾

---

① 袁方主编，王汉生副主编. 社会研究方法教程（重排本）[M]. 北京：北京大学出版社，2018：295.

经历过特别事件或行为的人撰写的目击描述或使用其他方式的实况纪录,是未经发表和有意识处理的最原始的资料;(2)一次文献,即直接记录事件经过、研究成果、新知识、新技术的专著、论文、调查报告等文献;(3)二次文献,即检索性文献;(4)三次文献,在利用二次文献检索的基础上,对一次文献进行系统的整理并概括论述的文献。[①] 日记、回忆录、自传等属于零次文献和原始文献;图书、论文、调查报告属于一次文献;文摘、索引、目录等属于二次文献,也是第二手文献;综述和述评等属于三次文献。

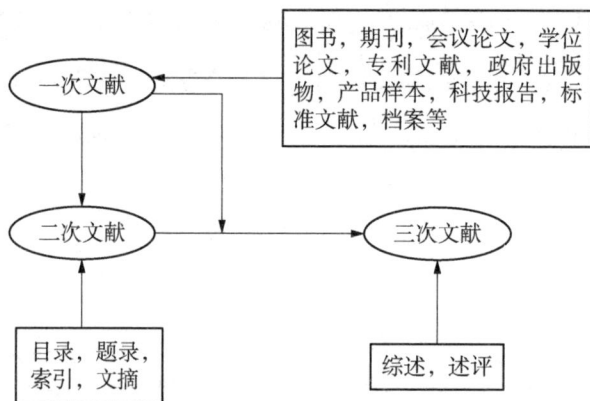

图 3 - 1 文献分类及其关系
来源:百度百科

从上述有关不同类型文献的界定可以看出,文献次数越多,对文献的利用效率就越高。零次文献需要亲身经历,一次文献需要直接记录事件经过、成果、知识等,这两种文献都需要耗费较长时间、较高成本;二次文献和三次文献则具有间接性、概括性,可以在较短时间内大幅度提高文献的利用效率。

2. 文献研究法

文献研究法(documentary research)又称文献法,顾名思义,就是对文献的研究。然而,这里的文献是指原始文献,"只有那些使用了大量的原始文献的研究才算是真正的研究,其使用的方法才算是文献研究法"[②]很多教师在课题设计中写了"文献法",但

---

① 肖军. 教育研究中的文献法:争论、属性及价值[J]. 当代教育理论与实践,2018,10(04):152—156.
② 肖军. 教育研究中的文献法:争论、属性及价值[J]. 当代教育理论与实践,2018,10(04):152—156.

仅是若干期刊文献的综述,没有使用零次文献,也缺乏诸多一次文献类型与数量,严格意义上并不是文献研究。

文献研究除了搜集文献外,还应包括对文献的分析。文献分析不仅仅包括文献综述末尾所撰写的"文献述评"及其包含对已有文献优缺点的分析,还包括基于计量的内容分析。内容分析法也是以文献为研究对象的方法,但更加注重对文献的内容进行分析、揭示文献的隐性内容,同时注重将定性的文献定量化。如世界著名未来学专家约翰·奈斯比特(John Naisbitt)所著的《大趋势》一书就是经过 12 年不间断地阅读 6 000 种美国地方报纸,逐渐找到了美国结构变革清晰的十个新方向。[1]

(二) 如何开展文献研究

1. 确定研究主题

研究主题与研究方法密切相关,文献法虽然可以应用于绝大部分研究主题,但适用性和重要性却大有差异。比如,"某校初中一年级一班学生创造性思维现状调查研究",研究重点是现状调查,因此主要采用的研究方法应为观察法、问卷法或访谈法,而大篇幅铺陈相关文献,则似无必要。一些著名的田野调查如费孝通先生的《乡土中国》和陈向明教授的《王小刚为什么不上学了》便是如此。然而,如果将研究重点放在"创造性思维"上,如题目变为"某校初中一年级一班学生创造性思维研究",则会涉及创造性思维的相关理论以及现状、问题、对策等,采用文献法就成为必需。

2. 收集相关文献

在确定研究主题后,接下来就是查阅和收集文献的过程。我们有多种方式获取文献,纸质文献如图书、期刊、报纸、辞典,电子文献如中国知网、各级政府网站、各统计网站、各学校网页等;如需外文文献,还可以通过 web of science、Elsevier、SpringerLink 等网站进行查阅,百度学术和谷歌学术也是非常好用的网站。在获取文献相对便捷、信息浩如烟海的今天,除非保密和敏感的资料,收集文献并不是一件难事;但是如何甄

---

[1] 杜晓利.富有生命力的文献研究法[J].上海教育科研,2013,10:1.

别出高质量、强关联性的文献资料,仍需要教师具备较高的专业水准。以"某校初中一年级一班学生创造性思维研究"为例,教师不仅要以"创造性思维"为关键词进行搜索,还需了解创造性的权威理论,查阅不同学段、不同学科的学生创造性思维的异同,同时要知晓 PISA 2022 对全球多个国家和经济体的初中生创造性思维进行了调查。这些专业信息将为教师的文献综述奠定坚实的基础。

3. 分析文献内容

文献收集告一段落,我们就得到进行内容分析的样本。一般而言,我们会围绕某一研究主题对这些文献进行分析,了解前人研究了哪些内容、分别从什么角度进行研究、还有哪些方面有待进一步研究,以及对本研究有什么启示等,从而为本研究奠定文献基础。

如果教师想对这些文献做更精准的分析,可以借助内容分析法。以"某校初中一年级一班学生创造性思维研究"为例,使用内容分析法对文献进行分析的具体步骤如下:

(1) 明确研究目标。聚焦文献中与"初中创造性思维"直接相关的内容,如发散思维、批判思维等维度,教学方式、家庭环境等影响因素等。

(2) 制定类目体系。根据研究问题,构建内容分析的类目,可从以下维度分类:创造性思维的维度,如流畅性、灵活性、独创性、精细性等(参考 Torrance 理论或其他文献);影响因素,教师行为、课堂互动、家庭支持、学生个体差异(如性别、学习风格)等;研究方法,量化研究(实验法、问卷调查)、质性研究(访谈、观察)、混合研究;干预措施,项目式学习、头脑风暴、跨学科课程、技术工具(如编程、创客教育)等。

(3) 文献编码与数据处理。制定编码规则,研制编码手册,明确每个类目的定义和示例,确保编码一致性。如类目"教学策略"可细分为"启发式提问""合作学习""开放性任务"等子类目。编码过程包括:预编码:随机抽取 10% 文献试编码,检验类目合理性,调整后再正式编码;双盲编码:由两名研究者独立编码,计算编码者间信度(如 Kappa 系数≥0.8);数据记录:使用 Excel、NVivo 等工具记录编码结果(类目出现频次、典型引文等)。

(4) 数据分析与解释。数据分析包括定量分析和质性分析。定量分析包括频次统计,统计各类目出现的频率(如"合作学习"在文献中被提及的频次);交叉分析,比较不同类目间的关系(如"教学策略"与"创造性思维维度"的关联);趋势分析,按时间维度分析研究热点的变化(如近年是否更关注技术工具的影响)。质性分析包括主题提炼,归纳文献中反复出现的核心观点(如"教师反馈方式对独创性的影响");矛盾点分析,对比文献中的争议结论(如"竞争机制是否抑制创造性思维");典型引文提取,选取代表性文献中的原句,支持分析结论。

(5) 结果呈现。可以用图表进行可视化呈现,也可以根据上述分析撰写分析报告,探讨当前达成的共识、还存在哪些研究角度、对实践的启示等。

(三) 文献研究的注意点

1. 文献研究不是文献综述。在研究中将文献综述冠名"文献法"似乎是中小学老师和硕博士论文的经常做法。事实上,如前所述文献综述虽然非常重要但却并不是一种研究方法。《教育大辞典》将文献综述界定为"为讨论、研究某一专题,对有关文献资料进行综合整理、分析和评论";将文献法界定为"通过阅读、分析、整理有关文献资料,全面、正确地研究某一问题的方法"。[①] 可见,文献综述旨在了解学界的研究进展,所以其综述的对象必须是"学术性资料",或说是作为已有学术研究成果载体的文献,如学术论文、学术著作、研究报告等;而政策文本、新闻报道、个人日记、年鉴、方志等类型的文献不应成为文献综述的对象,但它们在文献法中却被视作非常重要的研究资料。文献综述不必获得新知识或新发现;而文献研究必须如此。[②]

2. 积极稳妥使用信息技术。随着信息技术不断更新迭代,特别是人工智能大模型的出现,为文献法提供了强大助力。各种原始文献的数字化,为其可获得性提供了便利条件,教师只要掌握了一定的计算机技术,就容易查阅到这些文献。DeepSeek、豆包、文心一言、通义千问等人工智能大模型出现后,不仅为老师们有逻辑地梳理文献资料,还可以撰写文献综述,甚至可以基于文献库就学生学习领域的某一问题撰写研究

---

① 顾明远. 教育大辞典(增编合订本)[M].上海:上海教育出版社,1998:1630.
② 丁瑞常,曾芯怡. 比较教育研究中的文献法:误解、误用与规范化[J]. 比较教育研究,2024,46(11):13—22.

论文。然而,信息技术和人工智能为研究提供便利性的同时,也带来了一些弊端,比如一些研究者照搬照抄大模型生成的内容,造成了抄袭的后果;有些人工智能大模型还会捏造文献,如果不加以辨别,就会贻笑大方。更让人担忧的是,长此以往如果对人工智能一直奉行"拿来主义",则对教师系统性知识的积累和批判性思维的发展都会造成不良影响。因此,对信息技术和人工智能我们应采取积极稳妥的策略,一方面要紧跟技术发展,主动迎接新时代的到来,善于利用信息技术和人工智能为研究服务;另一方面,也要基于专业知识批判性地对待人工智能大模型产生的内容。无论将来发展到何种程度,作为一名研究者和研究型教师,我们都不应成为人工智能的奴隶,而是利用它让自己从优秀走向卓越。

二、问卷调查

(一) 问卷调查的适用性

问卷是收集资料的工具,也是教师们开展研究最常用的方法之一,美国社会学家艾尔·巴比(Earl R. Babbie)声称:"问卷是调查研究的支柱。"[①]在决定一项研究主题是否需要问卷调查前,我们应首先明确其适用性。

如果一项研究主题需要较大的样本量,样本还横跨不同地域,那么问卷调查无疑是首要选择。比如我们需要对"长三角初中教师评价素养现状"进行调查,就涉及长三角一市三省不同地区、学校、年级、学科的初中教师,发放问卷无疑是最高效的。同时,问卷调查还具有匿名性,可以保护受访者隐私,减小回答问题的压力;如果需要了解的问题比较敏感,那么采取问卷调查的方法也非常适用,可以获得更多真实信息。

可见,问卷调查的核心优势就在于成本低、效率高,短时间内可以收集大量样本。具有较高灵活性,既可以通过线上,也可以通过线下进行。我们常用的问卷星就是线上调查的一种方式,经过不断改进问卷星不但具有分发问卷的功能,还兼具问卷统计、可视化等功能,大大降低了统计分析的技术门槛。此外,相比访谈等方法,问卷调查的

---

① Earl Babbie. *The Practice of Social Research* [M]. Belmout: Wadsworth Publishing Company, 1975:105.

非介入方式摆脱了研究者的影响,因此还具有较高的客观性。

问卷调查也具有一些劣势,如果教师们想要达成下述研究目标,则不适合采用问卷工具:一是如果研究者想对某一主题有着更为深刻的了解,特别要分析现状背后的原因时,问卷法就显得捉襟见肘,访谈法则更为适用。二是如果要对某一个体的发展历程或某一现象的变迁过程进行分析,问卷法就无法达成这一目标,而行动研究、观察法会更为合适。三是如果涉及学历较低的群体甚至文盲,那么问卷就几乎不适用,特别是开放性的问卷更是如此;对一些信息技术不熟悉的老年群体,线上调查则显得强人所难。这些都是采用问卷调查需要考虑的因素。

(二) 问卷的结构

当决定采用问卷调查时,首先应当考虑的不是问卷题目的设计,而是整个问卷的结构。问卷结构一般包括封面、导语、主体问题和结束部分。封面以简洁明快为主调,涵盖调查的主题、机构等。导语需要说明我们是谁、要调查什么、为什么进行这项调查、为什么找你做调查、调查有什么用、调查不会有损于被调查者的利益,以及结尾一定要真诚地感谢被调查者的帮助。上述内容不是死教条,应灵活掌握,其中最关键的是三点:第一说明调查的目的和大致的内容,第二请求合作并感谢支持,第三匿名回答和资料保密。① 在结束部分可以重申致谢,并包括后续指引,如果是线上问卷可添加"提交成功"页面等。

专栏 3-2　　PISA 2009 学生问卷导语②

这份问卷册的问题包括以下方面:

■ 你自己

■ 你的家人和家里的情况

---

① 风笑天.社会调查中的问卷设计(第三版)[M].北京:中国人民大学出版社,2014:60—62.
② 陆璟.PISA测评的理论和实践[M].上海:华东师范大学出版社,2013:252.

- 你的阅读活动

- 学习时间

- 课堂气氛和学校风气

- 你的语文课

- 图书馆或图书室

- 你阅读和理解文章所用的策略

有些问题会问你关于**阅读**的情况，其中"**阅读**"特指理解、运用和思考**书面**文章的技能。我们需要这种技能来实现目标，增长知识，发展潜能，参与社会。

请仔细阅读每一个问题，并尽可能准确地回答。考试时你通常是圈出所选的答案，不过在这份问卷中，你一般是在一个方框内打钩来表示你所选的答案，有少数问题则需要你写出简短的答案。

如果你在打钩时出现了错误，你可以划掉或擦掉原来的答案，然后在正确的答案上打钩。如果你在写答案时写错了，你只要划掉写错的地方，然后在旁边写上正确的答案。

这份问卷的答案没有对错之分。你的回答只要与你自己的情况相符就行。

如果遇到不理解的地方，或不知道如何回答，你可以请求帮助。

你和其他人的回答会合并后用于计算总分和平均分，因此每个人的回答情况是无法辨别出的。你所有的回答都会保密的。

主体问题是问卷设计的核心内容。问题的提出应基于一定的理论框架，而问题的构成也应是结构化的。随着问卷主题的变化，问卷构成也将随之发生改变；即使是同一问题，关注点不同，问卷设计也将不同。如 PISA 2015 科学素养（scientific literacy）测评以科学素养概念作为评估的核心要素；而 PISA 2025 则转向了更为广泛的框架，将科学能力（scientific competencies）作为评估的核心要素，因此在评估框架和问题设计上就会存在很大不同（图 3-2）。

PISA2015 科学评估框架

PISA2025 科学评估框架

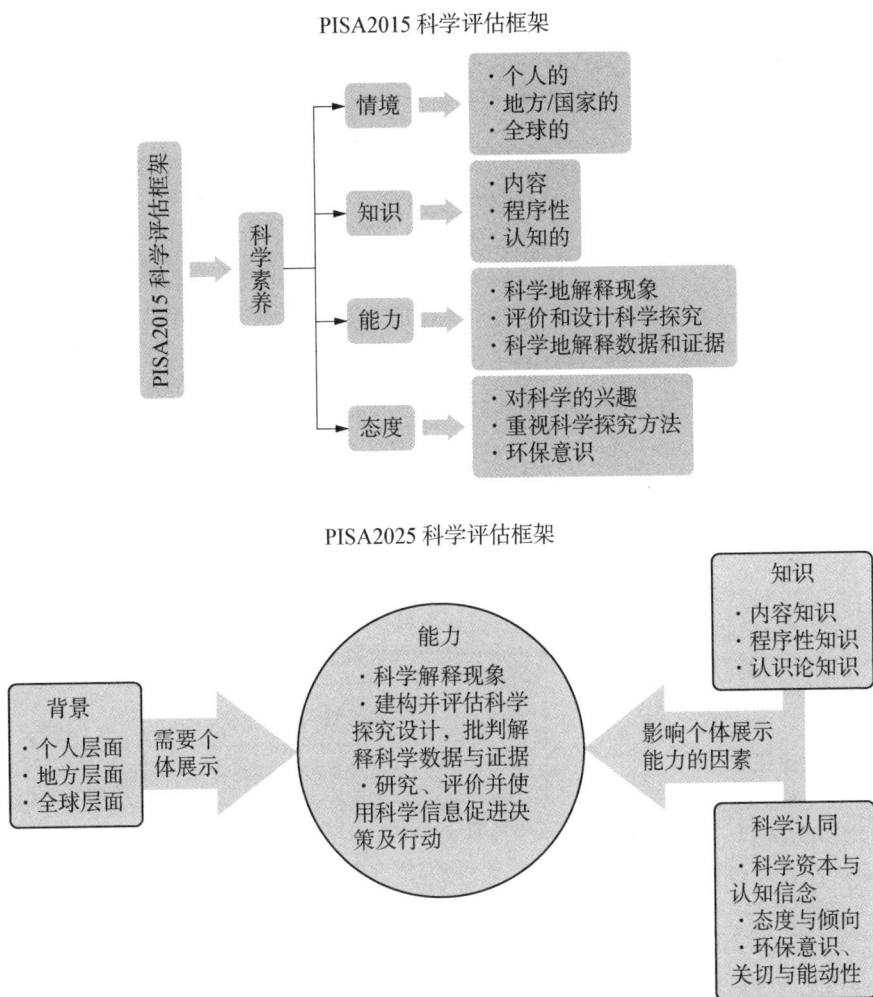

图 3 - 2　PISA 2015 与 PISA 2025 科学评估框架比较①

　　具体结合本书主题"中小学教师开展学生学习研究的现状调查",从概念分析出发就应既包括教师在教育教学工作中对学生学习所进行的学情分析、观察记录、教学反思等活动,也包括以学生学习为主题所开展的课题研究和项目研究等,因此在设计问卷框架中,一级维度要涵盖中小学教师对学生学习研究的认识情况(必要性等)、实践情况(教学、教研、科研等)以及面临的困难与需求。

---

① 唐科莉. 评估全球科学教育的整体成效[J]. 上海教育,2023,24:8—14.

表3-1 中小学教师开展学生学习研究的调研框架

一级维度	二级维度		主要内容
中小学教师对学生学习研究的认识情况	学生学习研究观（如何看待学生学习研究）		开展学生学习研究的必要性
			开展学生学习研究的主体（中小学教师、专业研究人员）
中小学教师开展学生学习研究的实践情况	通识性问题		研究学生学习的具体做法
			开展学习研究的主要内容
			开展学习研究的主要方式
			运用学习研究结果的情况
	情境化问题	教学	学情分析：分析的内容、分析的方法
			跨学科主题学习活动开展情况：开展与否、主要类型、没有开展过的原因
		教研	参加的频率
			有关学生学习的教研活动方式
			有关学生学习的教研活动主题
			参加过的、最具代表性的有关学生学习的教研活动主题或名称
		科研	是否参与
			参加的课题研究数量
			有关学生学习的课题研究主题
			有关学生学习的课题研究中运用的主要方法
			参加过的、最具代表性的有关学生学习的课题名称
中小学教师开展学生学习研究的问题与需求	主要困难		教师个体层面
			组织系统层面

一级维度	二级维度	主要内容
		研究内容的选择
		研究对象的选择
		研究层面的倾向
		合作伙伴的需求
	研究需求	研究方式的选择
		跨学科主题学习的研究需求
		研究支持的提供
		研究成果的预期
	开放性问题	关于教师开展学生学习研究的问题与建议

（三）题目编制的原则①

1. 选择合适的问题形式。在设计问题时,教师总面临着使用问句还是陈述句,选择开放式问题还是封闭式问题等类似的选择。对于前者,问句和陈述句都有助益,同时使用问句和陈述句会让项目设计更具灵活性,也更吸引人。对于后者,教师们应当知道,封闭式问题的主要缺点在于研究者所提供的回答有可能会遗漏一些重要方面,因此封闭问卷的结构应该遵循如下要求:一是答案分类应该穷尽所有可能,研究者通常通过增加"其他_____"一项来保证穷尽;二是答案的分类必须是互斥的,不应该让受访者觉得好像可以选择多个答案。开放式问卷由受访人填写,相比封闭式问卷,在电脑分析前需要进行编码,这就需要研究者解释回答的意义,进而容易导致误解和偏见。可见,问卷设计不仅需要编制技术,同时也是一门编制艺术。

2. 问题要清楚。虽然这是一项基本原则,但是研究者们仍要谨慎避免犯类似错

---

① 编制原则及其部分内容来自:艾尔·巴比. 社会研究方法(第 11 版)[M]. 邱泽奇,译. 北京:华夏出版社,2018:246—251.

误。美国人口普查局实施的一项调查"当前人口调查"问卷中使用了"上星期"这个词语，人口普查局的意思是指星期日到星期六（全部七天），而数据显示超过一半的受访者将"上星期"当成了星期一到星期五（工作日）。类似容易引起误解的词如青少年、初中（有的地区指七到九年级，有的地区指六到九年级）等，都需要研究者进一步加以明确。

3. 避免双重问题。研究者常会问受访者一个实际上具有多重内容的问题，但又期待着单一答案。例如"美国应该放弃太空计划，并将钱财用于民用事业上"，有部分可能无法回答，因为他们同意放弃太空计划并将这些资金返给纳税人，或者有些人支持太空计划同时也支持大力发展民用事业。这部分人无法简单地回答同意或不同意。

4. 问题越短越好。题目设计的一项基本原则就是短一些总比长一些要好，简单总比复杂好。研究者为了将问题阐释清楚，倾向于使用长而复杂的问题，容易使得受访者失去原有的答题意愿。因此，为了使受访者快速理解问题含义，提供清楚、短小、不容易引起误解的问题是非常必要的。

5. 避免否定性问题。问卷中的否定极易导致误解，如"下列研究方法你不用哪一种""教师不应该拖课"等。在快速回答问题时，受访者很容易选择与自己本义相反的答案。

6. 避免带有倾向性的问题与词语。虽然教师们极力避免在提问时带有倾向性，但不管有意还是无意，总会犯类似的疏忽。在1986年美国的一项调查中，62.8%的受访者认为美国政府在"帮助穷人"上花费太少，但在当年的配对调查中，只有23.1%的受访者认为在"福利"上花费太少。"帮助穷人"和"福利"含义类似，但前者具有倾向性，而"福利"一词则较为中性。类似的情况，还有从"农民工子女"变为"随迁子女"，从问家庭经济收入状况到家里安装几个马桶，上述都是为了避免提问的倾向性。

总之，问题没有绝对的对与错，但当你感到难以把握时，多问几次或多与同行商量，总归是有益的方法。

三、案例研究

（一）案例研究的规范性

案例研究或称个案研究（case study）是系统的质性调查研究，它在自然情境中对特定现象中的事例进行深入研究,融合了研究者本人和研究参与者两方面的视角,并遵循一定的程序,对研究结论的效度和适用性进行检验。①

案例研究可以说是教师开展学生学习研究最常用,也是最有效的方法。案例研究具有如下特点:首先,它是对特定现象的具体事例进行深入研究,例如对某位学生或某个班级学生的学习现状进行一年或几年的深入研究。因此,教师作为天天接触学生的实践者和研究者,有天然的优势对某个或某些学生开展案例研究;有些跟班教师更是长达五六年接触特定群体的学生,有条件开展深入的纵向研究。

其次,案例研究的目的最常被提及的是描述或解释。描述就是对某一现象进行深描,如教育史学者对孔子教学现场的描述;研究者在描述的基础上,也可以提供解释性洞见,如陈向明教授在《王小刚为什么不上学了》就是在描述王小刚不上学的背景和过程的基础上,对王小刚不上学的原因进行了解释。不仅如此,陈向明教授在描述和解释的同时,还促成了王小刚重返校园。"虽然这么做将我研究的性质从描述、解释型变成了行动型,我觉得这是一个正确的举动。如果回到学校是王小刚真正的心愿,而且他从此的学习生活会比以前有所改善,这么做就是值得的。研究的目的毕竟不仅仅只是为了研究,而是为了最终解决问题。只要我始终以了解真相为前提,只是在需要的时候采取行动,并且这一行动并不违背被研究者的心愿,我想这个研究就是符合定性研究的基本原则的。"②将案例研究从描述、解释进展为行动,虽然在严格的理论意义上超越了案例研究范畴,模糊了案例研究与行动研究(action research)的界限,但只要研究符合质性研究的基本原则,并且有利于解决教育教学实践问题,这种理论上的"越界"似乎就不那么重要了。与此相关的问题是案例研究的另一个目的是理论的拓展,即借助案例研究法重建、发展理论。这对中小学教师而言更是一种挑战。在此,我们又要重申中小学教师开展学生学习研究的主要目的是改进实践而不是发展理论,一方面,教师要遵循基本的研究规范,按照案例研究的基本程序开展学生学习研究;另一方面,教师也要在此基础上超越方法的局限,将诸多方法作为改进自身教学、促进学生学习的工具,综合起来加以利用。

再次,案例研究有六种收集资料的方法,文件、档案记录、访谈、直接观察、参与性

---

① 梅瑞迪斯·高尔,乔伊斯·高尔,沃尔特·博格.教育研究方法(第六版)[M].徐文彬,侯定凯,范皑皑,译.北京:北京大学出版社,2016:315.
② 陈向明.王小刚为什么不上学了——一位辍学生的个案调查[J].教育研究与实验,1996,11:37—47.

观察和实物证据。① 为了做好案例研究,教师们可以采用多种收集材料的方法,而不必拘泥于某种或某些方法。然而很多教师在研究设计中却也走向另一个极端,就是为了彰显研究设计更加"严谨"而罗列不同的资料收集方法,进而与研究目标相去甚远,这也没有必要。

(二) 案例研究的开展

开展案例研究是一个包括计划、设计、准备、收集、分析以及分享等环节在内的线性的、反复的过程。②

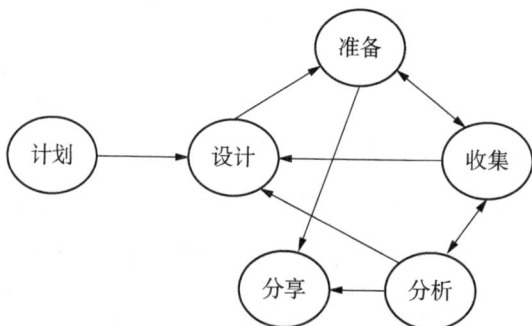

图 3 - 3　案例研究开展的过程③

1. 计划

总有很多方法摆在教师们面前,也总有一些方法明显优于其他方法。在众多方法中决定是否采用案例研究前,教师们需要明确案例研究的适用性和研究问题。具体包括:

- 需要深入研究正在发生的现象
- 需要对正在发生的现象进行描述(怎么样)或解释(为什么)
- 需要对事件的因果关系作进一步探索

当有上述研究需求时,教师们采取案例研究是较为恰当的。事实上,每位任课教

---

① 罗伯特・K. 殷. 案例研究:设计与方法[M]. 周海涛,史少杰,译. 重庆:重庆大学出版社,2017:124.
② 罗伯特・K. 殷. 案例研究:设计与方法[M]. 周海涛,史少杰,译. 重庆:重庆大学出版社,2017:1.
③ 罗伯特・K. 殷. 案例研究:设计与方法[M]. 周海涛,史少杰,译. 重庆:重庆大学出版社,2017:1.

师、班主任都有开展案例研究的天然优势,在面对学生个体或班级群体时,有便利条件采取多种收集资料的方式开展个案研究。例如,想弄清楚最近小明学业成绩下降的原因,就可以小明为个案,对成绩下降的因果关系作进一步探索。在计划阶段,教师可以不带任何偏见地深入现场,进行观察和记录;也可以尽可能查阅相关文献,做好理论的准备,进而为进入现场奠定基础。两者都符合案例研究的规范,具体采取哪一种方式,取决于教师的研究目的。

2. 设计

当决定采用案例研究之后,接下来就进入研究的设计阶段。主要包括以下五点:

一是明确研究问题。与"计划"阶段明确最初的研究问题相联系,在此需要进一步细化研究问题,而检索文献则有利于对问题进行聚焦。通过检索文献,一方面可以发现研究者已经开展了哪些研究,另一方面也可以为自己的研究提供新的思考和方向。比如研究小明学业成绩下降,可以从成绩下降的表现、影响因素、方法对策等方面开展研究。

二是提出理论假设。提出理论假设有利于引导研究在正确的轨道上进行。例如,教师会认为"小明学业成绩之所以下降,是受电子产品的影响",这一假设会告诉教师去哪里寻找相关证据。如果没有这一理论假设,会导致收集的资料范围大幅扩大。

三是界定分析个案。典型案例分析单位可以是一个个体,也可以是某位同学、某个班级等;如果扩展到多个人或多个班级,就形成了多个案例。同时,也需要确定案例研究的边界,进一步明晰研究范围(专栏 3-3)。

专栏 3-3　确定案例研究的边界①

选择一个你想采用的案例研究的主题,确定研究中必须回答的几个问题或要验证的假设。这些问题或假设是否确定了案例研究的边界? 收集资料、证据需要多少时间? 能否确定相关的组织结构和地理区域? 将收集何种类型的证据? 分析过程中哪些问题享有优先权?

---

① 罗伯特·K.殷. 案例研究:设计与方法[M]. 周海涛,史少杰,译. 重庆:重庆大学出版社,2017:44.

四是链接资料假设。将理论假设与资料收集进行链接，也是在设计阶段应该完成的重要一步。这里进一步凸显了理论假设的重要性，可以避免收集过多的资料，比如在知网盲目下载与同主题相关的所有文献；也可以避免因缺乏必要资料而无法完成案例研究。

五是解释研究标准。与量化研究不同，案例研究的解释标准需要另寻他路。罗伯特·K·殷(Robert K. Yin)提出了竞争性解释概念，并认为对竞争性解释的阐述是解释你的研究发现的一个标准：解决、拒绝的竞争性解释越多，你的研究发现越重要①（专栏3-4）。仍以"小明学业成绩之所以下降，是受电子产品的影响"为例，竞争性解释可以包括影响成绩下降的其他因素如同学关系、身体生病、心理健康等，可以通过观察或访谈进行排除，以支持这一理论假设。

专栏3-4　　竞争性解释②

　　评估研究中一个典型假设是：观察到的状况是计划干预的结果；与此相反的一个简单而直接的竞争性解释是，除了这些干预之外，最终结果还受到了其他因素的影响，而且资金投入也不是必须的。如果研究者能事先意识到这样的竞争性解释，就应尝试着收集可能反映"其他影响"的资料。同时要尽力去做好这些资料的分析处理工作——犹如需要证明其他因素的影响是最重要的影响一样，而不是寻找理由排除这些因素的影响。这样，如果你找不到充足的证据支持其他可能的解释，别人也就不大可能说你为了支持最初的假设而人为地"制造假证据"。

---

3. 准备

教师们虽有便利条件进行案例研究，但认为案例研究容易开展却是错误的。事实

---

① 罗伯特·K. 殷. 案例研究：设计与方法[M]. 周海涛，史少杰，译. 重庆：重庆大学出版社，2017：46.
② 罗伯特·K. 殷. 案例研究：设计与方法[M]. 周海涛，史少杰，译. 重庆：重庆大学出版社，2017：166.

上，案例研究是最难实施的研究方法之一，至今并未形成常规作业流程。① 正因为如此，就需要教师具有较高的收集资料方法的训练和准备。如何对学生进行长时间观察，需要观察哪些方面？如何通过多种方法获得案例研究的材料？在案例研究中如何遵循研究伦理？这些都是教师需要掌握的研究基本功。

除教师本身的研究素养外，准备一份案例研究计划或草案是必要的。计划或草案内容包括设计阶段的准备情况，也涵盖后续研究步骤的设想情况，如案例研究的简介、资料收集的过程、研究问题的梳理等。通过不断完善这份蓝图，后续的案例研究才可以稳步推进。

4. 收集

案例研究中收集资料的方法有多种，包括前面提到的文件、档案记录、访谈、直接观察、参与性观察和实物证据等。每一种方法都从不同侧面收集相关的材料，也从不同侧重点反映了案例的内容。多种收集资料的方法有利于提高案例研究的信度，而且由于案例研究尚未形成广被认可的操作程序，更需要采取多种收集资料的方法，从而形成不同的证据来源。

案例研究中教师可以借助三角验证法来提高其不同资料的信度。三角验证法（Triangulation）是一种通过多种视角、数据来源或方法来交叉验证研究结果的技术，旨在提高研究的可信度、有效性和全面性。常用的是数据三角验证，如教师在研究"学生课堂参与度"时，可以通过以下方法收集数据：通过学生问卷收集学生的主观感受；通过教师课堂观察笔记记录学生的行为；通过家长访谈了解学生课后学习行为。如果三组数据均显示学生参与度低，结论更可信；如果三组数据存在矛盾，即教师认为参与度高但学生问卷显示参与度低，则需进一步分析原因。

5. 分析

对收集到的资料进行分析是一项细致而又艰巨的任务。资料分析从哪里开始呢？罗伯特·K·殷（Robert K. Yin）的建议是从问题开始。首先从小问题入手，确定能解

---

① 罗伯特·K. 殷. 案例研究：设计与方法[M]. 周海涛，史少杰，译. 重庆：重庆大学出版社，2017：86.

释这一问题的资料。进而在大量证据的支持下,退出暂定的阶段性论点;同时问问自己怎样展示证据,以便让读者能检验你的判断。然后,触及较大的问题,并重复这样的过程。坚持下去,直到你认为解释了自己的主要研究问题为止。①

教师可以借助计算机和专业软件(如 NVivo)对质性资料进行分析,并进行可视化呈现。这些软件也可以帮助教师进而编码和分类,并在此基础上引导教师进一步思考。毫无疑问,计算机甚至人工智能是进行资料分析的强大工具,也进一步助力案例研究走向科学化;然而,这些都替代不了研究者自身对证据资料、证据链、发生原因的思考与分析。

6. 分享

资料分析告一段落后,接下来就要撰写案例研究报告,以便与读者进行分享。案例研究报告撰写可以遵循多种结构类型。② 标准或常用的是线性分析式结构,即根据研究问题或项目的顺序,综述相关文献、概述研究方法、叙述得出的成果、分析成果结论和意义。比较式结构则是对同一个案例重复两次以上,比较相同案例的不同陈述或解释。如对古巴导弹危机的解释,作者把该案例研究中的"事实"重复叙述了三遍,每次都联系不同的理论模型,其目的是要证明这些事实在何种程度上适合某一种模型。时间顺序结构是按照案例发展的早期、中期和末期等时间顺序来安排。理论建构式结构是依照理论建构的逻辑来安排,这取决于特定题目或理论,章节内容的安排应揭示出理论论证的新颖部分。上述不同类型结构及其在不同目的的案例研究中的适用性如表3-2所示。

表3-2　案例研究的适用性③

结构类型	案例研究目的		
	解释性案例	描述性案例	探索性案例
线性分析式	√	√	√

① 罗伯特·K. 殷. 案例研究:设计与方法[M]. 周海涛,史少杰,译. 重庆:重庆大学出版社,2017:158.
② 罗伯特·K. 殷. 案例研究:设计与方法[M]. 周海涛,史少杰,译. 重庆:重庆大学出版社,2017:219—222.
③ 罗伯特·K. 殷. 案例研究:设计与方法[M]. 周海涛,史少杰,译. 重庆:重庆大学出版社,2017:219.

结构类型	案例研究目的		
	解释性案例	描述性案例	探索性案例
比较式	√	√	√
时间顺序	√	√	√
理论建构式	√		√

（三）案例研究的注意点

1. 案例研究不是案例故事。从上述分析可知，案例研究作为一种质性研究方法，有一套规范流程，从而与教师随意书写的案例故事（case story）显著区别开来。教师们可以搜集一些典型的案例研究文本，如费孝通先生的《乡土中国》、陈向明教授的《王小刚为什么不上学了》，以及随处散落在一些教师写的著作中案例故事进行对比，从而获得更为深刻的感受。

2. 案例研究的归纳性。对案例研究方法的一种批评是，由于其只关注现象的某一个方面而缺乏归纳性。然而，当很多个案被深度研究时，这种危险就会降低。[1] 增加案例的数量是提高案例研究归纳性的一种手段，同时教师们也应该注意案例研究的归纳与量化研究从大样本中得出的统计归纳不同。案例研究是分析归纳，旨在归纳研究发现或经验。在案例研究中，把统计性归纳当作案例研究的归纳方法，是致命性错误；坚决不能将单个案例或多个案例等同于实地调查中的对象，而是应将其视为揭示一些理论概念或原则的机会。[2] 在所开展的案例研究中得出的理论概念可以证明或修正其他案例研究中的理论概念，这就是案例研究可以突破案例样本量小或某一具体案例限制的证明。

---

[1] 艾尔·巴比. 社会研究方法（第 11 版）[M]. 邱泽奇，译. 北京：华夏出版社，2018：298.
[2] 罗伯特·K. 殷. 案例研究：设计与方法[M]. 周海涛，史少杰，译. 重庆：重庆大学出版社，2017：51，53.

四、比较研究

(一) 比较研究的理论基础

虽然比较教育学作为一门学科日渐式微,但是比较研究或称比较法作为一种科学方法却日益蓬勃,在不同的学科、领域得到广泛应用。然而,即使是比较教育学的博士研究生可能也存在没有规范使用比较法的问题,更不用说广大中小学教师了,这就使得比较研究的理论介绍成为必须。

比较就是确定对象的共同点与不同点;比较研究的主要目的就是从异中求同,从同中求异。关于比较的对象(比较什么),从系统论的角度看,可以是整个系统,可以是教育系统与其他社会子系统之间的关系,也可以是系统的构成要素,还可以是要素之间的关系。当考虑系统的演化时,还可以对不同时期的上述对象进行比较。[①] 作为一名开展学生学习研究的中小学教师,我们既可以就不同的学生个体、群体在同一时期进行横向比较;也可以对同一学生个体、群体在不同时期进行纵向比较。

根据不同的分类标准,比较研究会形成不同的类型。根据研究目的,可以分为描述性比较与解释性比较;根据案例数量,可以分为双案例比较和多案例比较;根据分析层次,可以分为宏观、中观、微观的比较等,见表3-3。

表3-3　比较研究的不同类型

分类标准	类型	示　　例
研究目的	描述性比较 解释性比较	PISA测试成绩的国际排名(描述) 分析成绩差异的原因(解释)
案例数量	双案例比较 多案例比较	中国 vs 日本数学教材(双案例) 北欧五国教育福利政策(多案例)

---

① 顾明远,薛理银.比较教育导论——教育与国家发展[M].北京:人民教育出版社,1998:40—43.

分类标准	类型	示　　例
分析层次	宏观（国家） 中观（学校） 微观（课堂）	比较中美高等教育体系（宏观） 两所学校的教学模式（中观） 两节课的教师表现（微观）

如何进行比较是开展比较研究需要着重关注的内容。最简便易行的，就是可以确定比较的标准，从而使比较具有了大家公认的客观性，不容易产生歧义，比如国际上公认的一些指标（人均 GDP、生均教育经费、师生比等）。而对于一些难以标准化的概念，就需要研究者给出严格的界定，从而避免产生歧义，如以学习为中心等。

（二）比较研究的程序

关于比较研究的流程，在比较教育历史上美国比较教育学家贝雷迪（George Z. F. Bereday）的"比较四步法"较为有名。在分析了比较教育研究方法发展阶段的基础上（这些阶段对我们了解比较法的发展很有助益，见专栏 3-5），贝雷迪提出了描述、解释、并置、比较四个步骤，如图 3-4。（1）描述。对外国教育制度和实践进行描述是第一步，在此需要进行两方面工作：一是不断收集各种文献资料；二是进行学校实地访问。（2）解释。运用其他社会科学的成果，对在第一阶段收集资料中所展现的教育现象作出分析，揭示影响这些教育现象的种种因素及相互关系。（3）并置。上述两个阶段只是属于区域研究的范围，并置是真正的比较研究的开始。并置阶段的主要工作是统一概念、提出假说。也就是说，研究者经过上两个阶段有目的地对各国的教育资料进行收集和分析之后，必须将资料系统化，从中确定共同的比较标准，然后再对各国资料分类并置，分析其共同点和不同之处，形成比较分析的假说。（4）比较。比较是比较研究的最后一个阶段，其主要任务是对所有比较对象同时进行研究，据此对并置阶段形成的假说作出验证。

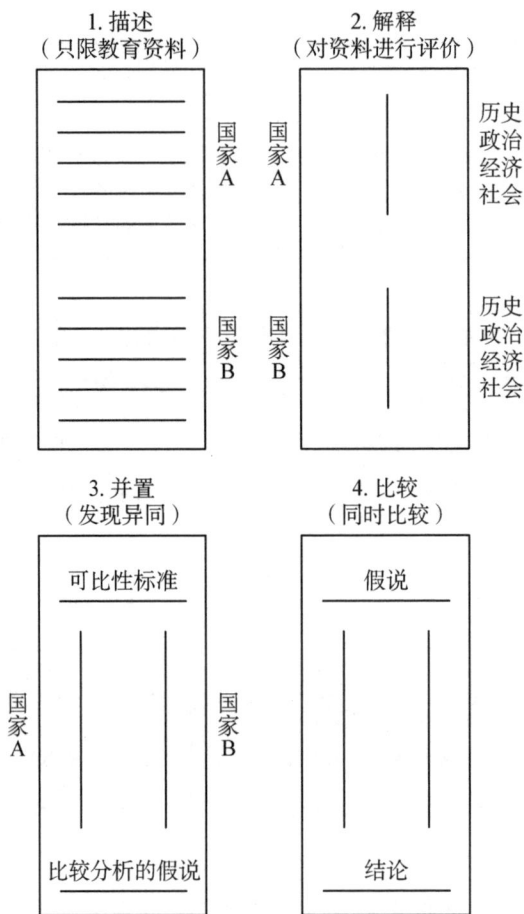

图 3-4　贝雷迪的比较四步法①

　比较教育研究方法发展三阶段②

　　贝雷迪从历史的角度讲比较教育研究方法的发展划分为三个阶段。第一个阶段自 1817 年法国朱利安发表著名的《比较嘉裕的研究计划和初步意见》开始横跨整个 19 世纪,为"借鉴"阶段。其特点是重视对各种描述性材料进行分类,在此基础上进行比较,从中发现某一国家教育的最佳范例,以供其他国家仿

---

① 王承绪. 比较教育学史[M]. 北京:人民教育出版社,1999:101.

② 王承绪. 比较教育学史[M]. 北京:人民教育出版社,1999:98—100.

效。第二阶段是 20 世纪上半叶,为"预测"阶段。比较教育从原先收集纯粹的描述性材料发展到探求影响教育实践的各种背后的力量。这时比较教育的目的主要不是借鉴,而是依据对其他国家以往类似经验的观察,对一个国家教育制度是否能取得成功作出预测。第三阶段是"分析"阶段。分析阶段是传统预测阶段的继续,它强调在预测和最终的借鉴之前,必须对各国教育实践的全貌进行系统的分析。

(三) 比较研究的常见误区

如果说贝雷迪的比较四步法是早期处于借鉴阶段和因素分析阶段的代表,那么随着科学主义思潮的流行,比较教育学者们开始不满足于比较研究缺乏统一客观标准的"主观偏见",主张将现代社会科学研究的一般程序引入进来。其中哈罗德·诺亚(Harold. J. Noah)和马克斯·埃克斯坦(Max. A. Eckstein)提出的比较教育研究程序较为典型,主要包括:(1)确定问题。比较教育研究应与其他科学研究一样,首先从认识研究的问题开始。(2)提出假说。此阶段问题通常非常模糊,但研究者必须对它有明确的认识,并将这种认识作为假说确定下来。如根据经济与学校之间的关系理论,一个国家的富强与其学校制度的发展相互依赖、密不可分,但其中的因果关系尚不能确定,因此可以提出如下假说,即"教育发展水平相对高于经济发展水平的国家,其经济增长速度将是缓慢的"。(3)明确概念和指标。在这一阶段,主要是在确定各种可测量的指标的基础上对假说中出现的概念加以明确限定,以使这些概念具有可操作性。以上述假说为例,其中包括三个概念,即"教育发展水平""经济发展水平""经济增长"。(4)选择个案。概念明确化后,接着就要着手选择调查研究的个案(对象国)。选择个案的数量应超过两个才能适合假说验证的需要。选择对象国应遵循三个标准:一是选择与假说有关的对象国;二是对主要的一些额外变量进行控制;三是研究的经济性。(5)收集数据资料。(6)处理数据,说明结果。[①]

---

① 王承绪. 比较教育学史[M]. 北京:人民教育出版社,1999:112—117.

在此需要补充说明两点。一是个案选择适切性与经济性。选择个案无论是大到一个国家、一座城市，还是小到一所学校、一堂课、一位教师，都需要对为什么如此选择给予充分合理的解释。个案之间的匹配性非常重要，如要研究国际大都市，抽取上海与日本京都作比较就失之偏颇；要研究班级文化对学生创造力的影响，抽取同一所学校同一班级就不恰当。另外，研究的经济性也是需要考虑的因素，特别设计跨国比较研究，如果要做实地调查或大量的访谈，就会较难实现。二是比较研究中收集和分析资料的方法。与案例研究类似，教师们可以借用观察、访谈、问卷、作品等多种质性和量化的方法收集分析数据，也可以借鉴案例研究中多个案例的分析方法。下述是一位老师以"东亚'应试文化'与北欧'快乐教育'对学生创造力的影响"为题，遵照诺亚和埃克斯坦的比较研究程序而撰写的一份简要的研究设计。这是一个融合定量研究、定性研究与混合研究，涉及中国、日本、韩国及丹麦、瑞典多个国家，包含问卷调查、课堂观察、深度访谈、作品分析多种收集资料方法，研究难度较大。对于中小学教师而言，可以借鉴 PISA 对创造力调查的数据，开展比较研究，这样就省却了大量收集数据的过程。因此，借用世界银行、经合组织、美国教育研究协会等组织发起的大型国际调查数据进行比较研究，无疑是一条便捷而又经济的路径。

专栏 3-6 **"东亚'应试文化'与北欧'快乐教育'对学生创造力的影响"研究设计**

一、确定研究问题

核心问题：东亚以应试为导向的教育模式与北欧以学生为中心的自由教育模式，如何影响学生的创造力表现？可以分为如下研究子问题：

1. 两种教育模式下学生的知识获取方式、思维习惯有何差异？

2. 教育环境中的权威性、风险容忍度如何作用于创造力？

3. 社会文化价值观（如集体主义 vs 个人主义）是否通过教育模式间接影响创造力？

二、提出研究假设

1. 主假设

H1：东亚应试文化通过强调标准化答案和服从权威，显著抑制学生的发散性思维和冒险精神,导致创造力得分低于北欧学生。

H2:北欧快乐教育通过鼓励自主探索和包容失败,更有利于学生创造力的全面发展。

2. 分假设

H3:东亚教育对"拔尖学生"的创造力负面影响更显著(如抑制知识深度和内在动机)。

H4:北欧教育中"规则与自由"的平衡(如德国教育案例)能够提升创造力中的结构化创新能力。

三、明确核心概念与测量指标

1. 核心概念

应试文化:以考试分数为核心目标,强调知识记忆、服从权威和标准化评价的教育体系(如中日韩)。

快乐教育:以学生兴趣为导向,注重批判性思维、合作学习和多元评价的教育模式(如丹麦、瑞典)。

创造力:包含发散性思维(新颖性)、聚合性思维(逻辑性)和实践转化能力(如作品产出)。

2. 测量指标

教育模式变量:课堂互动形式(教师主导 vs 学生主导)、作业类型(标准化练习 vs 开放项目)、课外活动时间占比。

创造力变量:

■ 定量:托兰斯创造力测验(TTCT)得分、专利/作品数量。

■ 定性:问题解决能力(如设计挑战任务)、冒险意愿(如对模糊性的容忍度)

四、选择研究个案

1. 东亚组

中国:北京市某重点中学(高强度考试竞争)。

日本:东京某私立中学(应试与素质教育的混合模式)。

韩国:首尔某补习班密集区域中学(极端学历主义)。

2. 北欧组

丹麦:哥本哈根某"Folkeskole"(公立学校,强调游戏化学习)。

瑞典:斯德哥尔摩某社区学校(项目制课程、无标准化考试)。

3. 对照变量控制:选取同年龄段(12—15岁)、相似家庭经济背景的学生样本。

五、数据收集方法

1. 定量数据

问卷调查:覆盖1000名学生(每组200人),测量创造力倾向、学习压力、课外活动类型。

标准化测试:采用 TTCT 和 PISA 创造性问题解决模块进行对比。

2. 定性数据

课堂观察:记录东亚与北欧课堂的师生互动模式、提问类型(封闭式 vs 开放式)。

深度访谈:教师(20人)、学生(50人)对教育目标的认知差异(如"高分"vs "兴趣探索")。

作品分析:对比学生项目成果(如科学实验设计、艺术创作)的创新性和实践性。

3. 辅助数据

政策文件分析(如东亚的"双减政策"、北欧的"无作业日")。

文化价值观调查(如霍夫斯泰德文化维度中的"不确定性规避"指数)

六、数据分析框架

1. 定量分析

使用 SPSS 进行多元回归分析,检验教育模式变量对创造力得分的预测力。

对比组间差异(如东亚学生 TTCT 发散思维得分显著低于北欧组)。

2. 定性分析

编码访谈文本,提炼主题(如"恐惧犯错"vs"鼓励试错")。

通过 Nvivo 分析课堂互动中的权力关系(如教师提问中"正确答案"导向比例)。

3. 混合方法

三角验证:结合定量结果与定性案例,解释文化机制(如儒家传统强化服从性)。

(四)比较研究的常见误区

在比较研究中,人们常犯的错误主要包括如下几种情形:

一是忽视并置与比较。一些研究者常常将对国外某些现象的叙述当作比较研究,缺乏对背后原因的阐释,更毋庸说将不同国家的数据进行系统化和对比分析。这是比较研究中最常犯的错误,也是影响其成为一种科学方法的莫大阻碍。

二是忽略历史原因。一些研究者在比较中仅做静态的比较,缺乏历史维度的纵向比较,因此提出的策略和建议缺乏适切性,甚至盲目照搬国外经验,这种囫囵吞枣式的比较也要不得。

三是案例设计偏差。如上所述,在案例选择时,应根据针对性、经济性、便利性原则选择案例,不能设计研究者无法完成的案例研究,也不能在筛选时偏向支持研究假设的案例。这些都需要研究者在开展案例研究时审慎地加以避免。

第二节
学生学习研究的新兴方法

如果把文献、问卷、案例研究作为教师开展学生学习研究传统研究方法的代表，那么接下来要介绍的话语分析、视频研究、学业述评和马赛克法则是近年来国内新兴的教师可以用来研究学生学习的方法。

一、话语分析

（一）开展话语分析的缘由

话语（Discourse），浅显直观的理解就是人们所说的话或者人们之间的对话，话语分析就是对这些话的内容及其含义进行的分析。这里的话语是指"课堂话语"（Classroom Discourse），即师生在课堂教学中运用口头语言进行的对话。[①]

语言是一个人思维和行为的反映，也是社会文化、权力结构的映照。课堂话语反映了课堂上的权力机构、师生关系、教学方式，是改进教师教学行为、促进学生学习的重要途径和工具，正因为如此，课堂话语分析在国际上逐渐兴起，在国内也方兴未艾。

---

① 钟启泉."课堂话语分析"刍议[J].全球教育展望，2013，42(11)：10—20.

（二）课堂话语结构的演变

1975 年,辛克莱(J. Sinclair)和库尔萨德(M. Coulthard)通过对 6 节课(1 名教师和 8 名 10—11 岁的学生)的课堂录音带数据进行分析,发现课堂日常互动存在一个稳定的结构,这一结构由启动(initiation)、回应(response)和反馈(feedback)三大要素组成且启动者通常为教师,这被普遍认为反映了课堂话语互动的基本特征,能够描述课堂中约 60％—70％的教与学过程。[①] 这一课堂话语结构被简称为 IRF,即教师启动、学生回应、教师反馈。

20 世纪 70 年代末,梅汉(H. Mehan)和卡兹登(C. B. Cazden)把辛克莱和库尔萨德发现的 IRF 结构更加明确为 IRE 结构,即启动、回应和评价(evaluation),并进一步指出在美国 70％以上的课堂话语互动采用的正是这一结构。1993 年,奥康纳(Mary. C. O'Connor)和迈克尔斯(S. Michaels)则提出了"回音"(Revoicing)这一课堂话语结构,认为应将反馈的权利赋予学生,课堂话语互动变成了 IRRvF 结构。[②]

2004 年,韦格里夫(R. Wegerif)和道斯(L. Dawes)在 IRF(E)结构的基础上,又增加了讨论(discussion)环节,变成了 ID[RF(I)]。此课堂话语结构强调了学生之间讨论或小组讨论的重要性,认为在公开回答问题之前进行讨论有利于产生多元观点;将回应与反馈视作一个整体,重视是师生合作探究;另外,增加了反馈后的新的启动,将课堂话语结构从线性变为循环。

上述课堂话语结构的演变反映了近几十年来人们有关课堂权力、教师教学和学生学习方式的转变。灌输式教学、以教师为中心的传统教学方式受到越来越多的批评,并逐渐向以学生为中心、启发式教学转变。特别是当创新精神和创新能力、高阶思维培养被愈加强调时,这种转变就变得更为迫切。为此,教育从业者们作出了诸多努力,而课堂话语分析的转变就是其中之一。IRF 是对现实中课堂话语状况的分析,人们发现,这种话语结构中,教师不仅总是师生对话的启动者,而且在师生话语转换过程中(或称"话轮")也常扮演主导者或支配者的角色(专栏 3-7)。从反馈(F)到评价(E),

---

① 欧阳嘉裕,汪琼. IRF 课堂话语结构研究述评[J]. 全球教育展望,2021,50(5):15—28.
② 张光陆. 促进深度学习的师生话语互动:特征与提升策略[J]. 全球教育展望,2020,49(10):27—38.

虽然凸显了对学生学习的监测和评价,但都改变不了师生对话中教师的这种主导性。ID[RF(I)]结构的出现,强调了小组合作讨论环节的重要性,在教学中将教师的支配权适度下放,有利于促进学生的深度学习。

专栏3-7 **课堂话语例举**①

师:同学们,你们觉得《迢迢牵牛星》借助"牛郎与织女"这个美丽凄婉的爱情神话传说写离别有什么好处?

生:使主题更深刻,立意更深远。

生:有一点浪漫和神秘。

师:很有感受力。

生:更经典。

师:很漂亮的词。(追问)你还知道中国古代神话传说中的哪些经典故事?

生:《梁祝化蝶》《精卫填海》《夸父逐日》《干将莫邪》……

师:还有人补充吗?

生:《女娲补天》《鲧禹治水》《孟姜女哭长城》《白蛇传》。

师:神话是一个民族童年的梦想,是这个民族文学艺术的土壤。你还知道哪些文学作品,借助了这些色彩斑斓的神话传说?

生:《聊斋志异》《西游记》,还有屈原、李白的浪漫主义诗歌。

师:看来比比皆是,你的知识面很广,这些神话传说与天不老、与地同春,具有无穷的魅力。《迢迢牵牛星》引用神话传说,还有其他的作用吗?

生:更有天上人间的感觉。

师:好!怎么样理解"天上人间"?

生:既指天上的"牛郎织女",又写人间的"怨妇思夫"。

师:你真的很棒。在你的启发下我甚至明白了《红楼梦》借助绛珠仙草和神瑛侍者的木石前盟,写出的是林黛玉和贾宝玉之间的爱情前世今生的感觉。看

---

① 黄伟.课堂对话的运作机理——基于话语分析的视角[J].教育研究,2014,7:123—130.

来,为了增添表现力,我们也可以在作文中化用一些经典的神话传说。

　　师:接下来我们来进一步阅读和感悟这首诗。

(三) 优秀教师课堂话语的特征

　　虽然课堂话语结构正在不断完善,迄今尚无大家公认的"完美"答案,但是对优秀教师课堂话语及其结构的分析,可以使我们不断接近其"答案"。

　　1. 话语量。教师的话语量特别多,甚至整堂课都是教师在讲话,无论是何种类型的课,这都不是一堂好课。根据弗兰德斯(N. A. Flanders)的经典研究,课堂教学的时间,平均三分之二是用于话语,而其中的三分之二又是用于教师的话语。据此,在 45 分钟的上课时间里,学生个人用来建构个人认知框架以便获得理解的学生话语的时间是 10 分钟;在 30 人的班级里,每人平均只有 20 秒。两者之间形成了极大的反差。[①] 然而,是不是教师的话语量越少就越好呢? 也不尽然。有研究者对 5 位较为优秀教师的课堂话语量进行了量化分析,平均为 50.7%,并得出话语量不是评判优秀课堂的关键,话语内容的"可理解输入"与"交互"相结合是优秀英语教师课堂教学话语的特征之一。[②]

　　2. 提问。目前课堂中,教师提出的问题很多都是封闭性问题,这虽能引起学生对知识的回忆,但却无法引发学生的深度思考。因此,一名优秀的教师应当善于提出开放性问题,引发学生思维的碰撞和探讨的火花,促进学生深度学习和高阶思维发展。

　　3. 会话结构。优秀教师的课堂话语结构可以激发学生的主动性和积极性,引发学生更深入地参与讨论,因此应该是比 IRF 更为复杂的结构,类似上述 ID[RF(I)]就是离"完美"课堂话语结构更近了一步。判断会话结构的优劣,本质上还是要看话语的内容,包括师生的交互式问答以及学生的自发式启动等。作为教育研究者和教师,我

① 钟启泉. "课堂话语分析"刍议[J]. 全球教育展望,2013,42(11):10—20.
② 胡青球. 优秀英语教师课堂话语特征分析[J]. 山东外语教学,2007,1:54—58.

们不能依赖于 IRF 结构的理论上的完善,正如海姆斯的判断,"语言学的进步并没有经常回报教学论,教育领域对课堂话语的洞见不能等待语言学和社会科学的进步"①,而是要靠我们自己对课堂教学真问题的解决。

二、视频研究

(一) 视频研究的发展

视频研究是借助视频分析工具对视频样本进行编码,并对结果进行分析与整理的研究方法。课堂视频研究是一种新的课堂观察的思路和方法,可以让研究者更加准确完整地分析课堂的教学过程。国际上,视频研究并不是新兴事物,斯坦福大学在 1954 年就成立了行为科学高级研究中心,对人类日常互动行为进行视频采集和深入分析,使其首次成为了一种机构化、日常化的研究方法。1986 年,施乐公司在斯坦福大学旁边成立了学习研究所,依赖于视频数据,通过短短 14 年(1986—2000 年)的研究产出了"实践共同体""情景式认知"等一大批极具影响力的理论。1977 年,美国教育研究所资助了 10 项与课堂视频分析有关的课题。这些课题所发展出的课堂互动分析、课堂话语分析、微观互动民族志等方法,深刻影响了教育研究的方法论、范式与技术。② 限于硬件和技术,国内视频研究才刚刚开始。特别受到经合组织"视频研究"项目的影响,近些年更是掀起了视频研究的一股小高潮,但总体而言还处于引进、小规模实践时期。

(二) 课堂视频研究的国际视野

1. TVS。2016 年,经济合作与发展组织实施的教师教学国际调查(TALIS)新增了视频研究(TALIS Video Study,TVS)项目,通过对九个国家和地区的教学现场进行记录和分析得出了可以横向比较的跨国视频研究数据。从研究方法的角度审视,TVS

---

① 安桂清. IRF 课堂话语结构刍议:发现、争论与再思考[J]. 全球教育展望,2018,47(5):15—24.
② 杨晓哲. 透视课堂教学的视频视角[J]. 全球教育展望,2021,50(1):74—77.

具有如下特点:一是通用的测评方法。TVS研发和实施了两套通用观察与测评工具,一套是用于记录和评估不同国家或地区教学视频的观测编码(observation codes),一套是用于观察和评估教学资料观测编码(artefact codes),教材资料包括教学计划、学生作业、教学投影、教材等。二是标准化程序。TVS采用标准化和可重复程序收集数据、培训并认证视频和课件评分员(rater),以及对参与国家和地区提交的视频和课件进行编码。这样做的目的是消除项目执行本身导致的误差,确保学习结果的差异是由课堂中不同教师的不同教学行为引发的。三是纵向研究设计。通过设计教师前、后问卷和学生前、后问卷,控制学生先验知识、排除其他因素对学习结果的影响,从而更好聚焦于课堂教学策略及活动与学生学习成就之间的关联。① 这启示我们,在开展视频研究时,首先应形成一套观测编码,用于记录和评估视频;其次是对教师进行培训,确保学校教师能够胜任"评分员"角色,以便在进行编码、分析视频数据时可以达到统一的标准,提高视频分析的信度。

2. TIMSS Video Study。国际教育成就评估协会(IEA)的国际数学和科学趋势调查项目(TIMSS),分别于1995年和1999年开展视频研究,这是国际上开展视频研究的先驱,以研究方法上的设计精致而受到广泛认可。在1995年进行的视频研究中,TIMSS录制了德国、美国、日本三个国家的共231节数学课,而后对课堂视频进行转录和分析,其分析聚焦于课程结构、课程的组织形式分类和学生工作的分类,还分析了内容相近的课堂子集。在1999年进行的TIMSS-R研究中,研究者录制了7个国家/地区的638节数学课堂教学视频和其中4个国家/地区的科学课堂教学视频,研究者从活动的目的、课堂常规、内容、参与的行为、教室里的谈话和氛围6个维度对视频进行了分析,以期发现不同国家课堂教学的模式。② 这启示我们,视频分析应根据研究目标和研究问题,建立科学的分析维度,以及统一的框架、编码和标准等,在此基础上开展的分析才更有说服力。

3. MET。比尔·盖茨和梅琳达基金会发起的"有效教学"项目(Measures of

---

① 王洁,张民选.跨国视频研究的实践可能与方法论意义——TALIS Video Study 对课堂教学研究的启示与反思[J].全球教育展望,2021,50(1):78—88.
② 郑太年.课堂视频分析:理论进路、方法与应用[J].华东师范大学学报(教育科学版),2017,35(03):126—133+172—173.

Effective Teaching，MET)也是国际上知名的视频研究项目。该项目旨在通过研究教师教学活动对学生学业成就变化的影响来判定高效的教学行为。研究根据教师所教班级的学生成绩和进步状况以及观察员对于教师课堂教学的观察将教师分组,然后将学生随机安排到教学能力不同的教师那里学习,分析不同教师的教学对于学生成绩的影响。为保证信度,MET项目采取三个观察员观察一节课的方法,两个观察员每人观察15分钟,另有一个观察员完整地观察整节课。以这些课堂视频观察和分析为基础,结合问卷调查等数据,确定有效教学的具体特征。再通过将学生随机编入不同教师课堂的对照实验,证实有效教学与学生学业成绩的正相关性。① 这启示我们,设计良好的视频分析方法,不仅包括统一的框架、科学的编码和标准,还应有效分配观察员并结合问卷等其他方法,保证研究设计的信度。

(三) 如何做好视频研究

1. 前期准备。视频研究的前期准备不仅包括硬件,如拍摄设备、技术分析工具等;还包括观察员的筛选、培训。其中更有一些技术和伦理问题需要解决,如是否每一位学生及家长同意进行拍摄;拍摄机位是否可以捕捉教师和全部同学的行为;如果有部分同学不同意拍摄,如何将这些同学保留在现场又不出现在拍摄范围内;这些情况都需要在前期做好准备。

2. 收集资料。视频研究中收集资料或拍摄过程并不是随意为之。在视频录制过程中决定如何聚焦摄像机,本质上是数据采样的选择;视频捕捉的角度,以及数据采集过程中的任何平移和缩放,都可能对研究结果产生重大影响;过多的平移和缩放导致视频数据难以观看,它会消除重要的背景元素,并使研究者可能错过画面之外的重要元素。② 如果可能,提供一份拍摄的操作指南则非常有助益。待视频资料逐渐积累后,其中内容查找起来会比较麻烦,为防止这种情况出现,可以在拍摄的同时制作田野笔记,定时增量(如每5分钟一次)或带有时间戳的管理笔记可以有效管理视频

① 郑太年.课堂视频分析:理论进路、方法与应用[J].华东师范大学学报(教育科学版),2017,35(03):126—133+172—173.
② 弗兰克·费舍尔,等.国际学习科学手册[C].赵建华,等译.上海:华东师范大学出版社,2022:546.

数据。

3. 分析数据。首先,分析数据的第一步是确定从更大的数据库中选择哪些数据进行分析。我们是选择自己感兴趣的一部分,还是随机抽样,还是根据研究主题进行全样本选择,都需要谨慎决策。其次,是否需要转录是教师们需要作出的另一个决定。是全部转录,还是只转录抽样数据;是人工转录还是借助工具进行自动转录,也需要教师们根据现实情况决定。另外,教师也应知道,转录并不是必需的环节,甚至不普遍,也可以直接观看和查看视频。再次,编码也同样如此,有些时候是必需的,有些时候却不一定需要编码,是否编码还是取决于要研究的问题。如果用视频数据来衡量一种处理方法是否会导致学生在论证中使用科学证据的改进,那么对证据性论证的数量和质量进行编码是合适的;如果目标是对学生的科学推理提供丰富而深入的描述,那么编码可能没有帮助。① 教师们可以自己对视频进行分析,也可以和同事一起进行协同分析,协同分析时,就需要借鉴上述 TVS 等关于观察员的培训、编码和对编码理解的一致性,进而提高信效度。

4. 呈现报告。教师们撰写定量分析、定性分析还是混合分析报告,仍然取决于研究需要。如果仅需要描述某种现象,那么定量分析就可以胜任;如果进行解释和探索,质性研究会更合适;如果需要较为多元,混合研究就更为恰当。

三、学业述评

(一) 学业述评的含义

2020 年,中共中央、国务院颁布《深化新时代教育评价改革总体方案》,要求"探索建立中小学教师教学述评制度,任课教师每学期须对每个学生进行学业述评,述评情况纳入教师考核内容"②。这是我国首次提出学业述评和教学述评概念。将学业述评

---

① 弗兰克·费舍尔,等. 国际学习科学手册[C]. 赵建华,等译. 上海:华东师范大学出版社,2022:547—548

② 中共中央,国务院. 深化新时代教育评价改革总体方案[EB/OL]. (2018 - 01 - 31)[2022 - 08 - 21]. http://www.gov.cn/gongbao/content/2020/content_5554488.htm.

作为一个开展学生学习研究的方法,是非常契合的。学业述评是任课教师对一段时期以来学生学业的进展情况和达成状态进行的质性描述和评估活动。它建立在质的研究方法和质性评估基础上,扬弃了量化评估过于强调数据和精确性的范式,旨在评估纸笔测验难以测量而世界课程改革又普遍强调的诸如分析、综合、评价等高阶认知能力和情感、态度、价值观等非认知能力。[①] 教师对学生开展学业述评可以采取观察、档案袋、访谈、问卷等多种收集资料的方法,进行长期纵向跟踪,并在分析资料的基础上撰写述评报告。

(二) 学业述评的国内实践

自中央文件颁布以来,我国兴起了有关学业述评的研究与实践,从安徽省肥西县颁布地方文件到多个中小学的制度设计;从北大附小的先行探索到上海奉贤的区域试点和浦东新区的学校实践,可以说方兴未艾。

1. 探索学业述评理论基础。学业述评的理论基础之一为描述性评论,即近距离地观察课堂、日常学校生活以及与之密切相关的儿童、家长、教师及管理者的生活,通过观察、记录个体的学习和生活片断,关注、收集个体的作品,倾听个体的故事和经历,运用描述对个体的学习和故事进行反思,借助谈话、磋商、讨论对作品或故事提出建议与指导,描述者与被描述者和所有参与者共同反思作品或故事以及整个过程对于教育、学习、个体成长的真正含义。描述性评论的创立者和践行者为美国学者帕特丽夏·卡利尼(P. F. Carini)。她于 1965 年在美国佛蒙特州北本宁敦市(North Bennington)创办了展望学校(Prospect School)。学校创建之初,班里只有 23 个学生,年龄介于 5—7 岁,他们来自整个本宁敦社区的各个社会阶层。在展望学校中,教师最重要的任务之一是通过日常持续地观察、记录和描述在课堂里以及孩子身上发生了什么事情,来检查学校的实践,以便能够产生关于儿童、课程、学习与教学的知识。描述性评论可由教师或其他成人独自进行,但卡利尼更提倡教师小组合作进行。在小组合作中,大家首先共同倾听、欣赏一个儿童的故事,然后每个人从不同角度来理解、评

---

① 刘荣飞,王洁.学业述评:概念框架、现实挑战与对策建议[J].全球教育展望,2023,52(06):38—48.

论儿童,并提出帮助儿童发展的建议。卡利尼在自己多年教学与研究经验基础上,提出了"儿童描述性评论"的基本框架:(1)身体外表和姿势。(2)气质和性情。(3)与其他人(孩子和成人)的关系。(4)强烈的兴趣和爱好。(5)思维和学习模式。①

2. 建立学业述评操作流程。目前在国内实践中,学业述评的操作流程一般包括收集资料—分析资料—撰写报告—结果使用等四个环节。教师通过课堂观察、学生作业、学业成绩、家校沟通等多种方法收集素材;通过教师自身或借助计算机工具对收集的材料进行分析;在材料分析的基础上撰写简短的述评报告;学生、家长、学校可以根据教师的述评报告改进学生学习和促进教师专业发展。

3. 确定学业述评指标体系。我国学业述评推行之际适逢教育部新课标颁布,很多地区与学校就以新课标为基础、结合地区与学校特色构建学业述评的指标体系。如奉贤区南桥•横贤联合小学结合校本化"醇美少年"学生评价指标体系,建立了以"二有三能"(有品格、有体魄,能学习、能审美、能实践)为核心的学业述评模型。② 北大附小建立了短期节点式、动态发展性的评价体系。短期节点式评价通过师评、自评、家长评相结合的方式,全面、全程、多元地呈现学生一学期的学业发展;动态发展性评价中,确立了"人文素养""艺术健康""科学素养""国际理解""社会交往"等五类素养作为二级评价指标,在每一指标下又细分出五个观测点,力求完整、深入、全面地了解每个学生的成长过程。③

4. 借助信息技术开展述评。由于学业述评具有一定工作量,为了减轻教师负担,借助信息技术开展学业述评就成为一种较为普遍的现象。通过新建系统或借用、改造原有系统,方便任课教师记录、整理述评文字,并形成学生"个性画像",从而更为直观、形象地展示述评结果。上海市实验学校是这方面的典范,学校在原有学生个性追踪系统基础上,加入学业述评模块,从而将个性潜能识别与学业述评有机结合,取得了显著成效。

---

① 帕特丽夏•F.卡利尼.让学生强壮起来——关于儿童、学校和标准的不同观点[M].张华,等译.北京:高等教育出版社,2005:Ⅶ.
② 张竹林,夏旖.聚焦教学述评全要素 探索师生发展新路径——上海市奉贤区开展中小学教师教学述评的实践探索[J].人民教育,2023(20):33—36.
③ 尹超.北京大学附属小学:学业评述为师生发展提供精细支持[N].中国教育报,2021-01-11(7).

(三) 学业述评的国外概览①

在国际上,虽然没有专门的学业述评(academic description and assessment)概念与之对应,但也存在类似的、已经施行了相当长一段时间的国家实践。丹麦的学生个体计划(Individual Student Plans)、英国的教师评估框架(Teacher Assessment Frameworks)、加拿大的学生报告政策(Student Reporting Policy),可以作为三个由政府自上而下推行的学业述评范例。它们的实践经验可为我国开展学业述评提供有益借鉴。

1. 英国:教师评估(学生)框架。2017 年,英国教育部标准与考试局(Standards and Testing Agency)制定了《关键阶段 2 结束时的教师评估框架》(下简称《框架》),对教师评估英语阅读和科学提供指导,此后又不断对《框架》进行修正和完善。在此基础上,2023 年英国教育部标准与考试局又颁布了《关键阶段 2 教师评估指南》(下简称《指南》),进一步对教师评估的框架、内容、标准、证据收集、外部审核等进行较为详细的规定与描述。《指南》明确学生练习册、项目参与、评估笔记、课堂测验等可以作为评估证据来源,同时强调教师的判断必须基于可靠和可证明的证据,以确保判断尽可能客观,并且尽可能在班级和学校之间保持一致。同时在外部审核方面,确立了其强制性和法定性,地方当局需要对选择加入外部审核条款的至少 25% 的学校进行外部审核,它还必须确保至少每四年对其负责的所有学校进行一次校务监督,并在需要时进行更为频繁的校务监督,从而确保教师评估的准确性和公平性。

2. 加拿大:学生报告政策。从 1994 年到 2016 年,加拿大不列颠哥伦比亚省(British Columbia,以下简称"BC 省")为 K-9 年级的教师提供了学生学习精熟度量表(proficiency scale)来评估学生的学习情况,量表包括发展初期(emerging)、发展中(developing)、熟练(proficiency)和拓展(extending)四个层级。基于学习精熟度量表的学生成绩报告包括年度五次沟通情况(分别是两份反映学生学习进展的书面报告、两次口头或其他形式的学习更新报告,以及学年结束时的学习小结)、各学习领域的学生学习精熟度、教师描述性反馈、学生自我评估与反思、学生学习行为和出勤率等。

---

① 刘荣飞,王洁. 学业述评:概念框架、现实挑战与对策建议[J]. 全球教育展望,2023,52(06):38—48. 有改动.

其中,教师描述性反馈成为 BC 省学生报告政策的亮点之一。学生报告政策规定,描述性反馈包括简洁的、基于优势的书面评论或记录下来的对话;这些评论或对话符合学习标准,具体描述了学生的学习情况,并指出学生未来发展的可能领域。教师描述性反馈的重点是学生能做什么以及他们正在朝着什么方向努力。学生报告政策还为教师如何创建全面的描述性反馈提供了指南,如记录有意义的反馈特别应针对学生的学习优势和未来发展方向;既包括学生在学校也包括在家庭努力实现的目标信息;在评论未来发展方向时,重点关注学生的现状(如弗朗西斯很好地掌握了句子结构,但仍在继续努力正确使用标点符号)等。同时,学生报告政策还为教师提供了基于精熟度的描述性反馈样例,便于教师在实践中学习并遵照操作,见表 3-4。

表 3-4　基于精熟度的教师描述性反馈样例

学习领域	精熟度指标	描述性反馈(举例)
英语	发展中	瑞安会建立有意义的联系,这表明他对所读内容的理解力很强。 虽然他的阅读水平低于年级水平,但当他阅读与自己水平相当的书籍时,他会参与并思考所阅读的内容,这有助于他提高阅读技能。 瑞安接下来要做的就是继续花时间阅读他感兴趣的各种书籍,练习如何将把生词和不熟悉的单词读出来。
数学	熟练	瑞安擅长解释和证明他的数学推理。他渴望尝试新概念,并在解决问题时表现出好奇心。 瑞安仍在理解并建立周长和面积的关系,他可以使用强大的问题解决能力继续发展这种技能。
科学	熟练	瑞安是一个充满好奇心的学生,在科学探究中他有敏锐的观察能力。在我们对身体系统的科学调查中,他在计划"如何照顾你的呼吸系统"的调查时,表现得很熟练。
社会	熟练	在今年开展的各种调查中,瑞安问了很多很棒的问题。当看到各种各样的问题和观点时,他能提供精心建构的论点来证实他的想法。有时,瑞安很难理解或考虑其他超越自己的观点,但他总是在过程中花时间提出问题。这是一项重要的技能。

学习领域	精熟度指标	描述性反馈（举例）
体育和健康教育	发展中	瑞安在我们所有的体育活动中都表现出了公平竞争和领导能力。他积极参与所有活动，并能认识到围绕体育活动和事务选择的个人决定如何影响健康和幸福。 瑞安需要继续发展他的一些基本运动技能，特别是要控制球等物体时。随着更多的练习和参与运动的机会，瑞安会变得更加自信，他的技能也能得到进一步发展。
艺术	发展中	瑞安能够识别出土著社区中使用的各种艺术元素。在我们对加拿大各地区调查的项目中，瑞安需要创造代表他正在探索的地区的艺术作品（视觉资料、舞蹈、音乐）。在展示创作时，他有些惴惴不安。但随着时间和机会的增加，他会对自己的创造力更加自信和自豪。

（四）学业述评的改进路径

提高信度和效度是顺利推行教学述评、减少结果争议的重要保障。为提升学业述评的信效度，建议从以下方面协同发力：

一是开发并向教师提供一系列权威的测评工具。《OECD国家评论》表明，如果没有为不同学科和年级制定明确的测评标准和准则，教师通常会基于自身经验和学校期望，使用自己的个人评阅参考点。因此，应开发并向教师提供一系列权威测评工具，在他们认为合适时，可以使用这些工具对学生进行可靠的测评。

二是设置并应用评分指导原则来提高信度。统一的评分指导原则可以引导不同教师依据同一原则对学生进行述评。这些指导原则应对能力水平进行详细描述，并提供相应的优秀表现样例，加拿大基于精熟度的教师描述性反馈样例便是典型案例。

三是促进教师之间相互协商、合作评分。有研究者召集两名评分者采用表现性评价方法对教师评估素养进行评价，进而验证其信度和效度，这一案例表明合作评分的方式比背对背评分的方式具有更高的信度和效度。①

四、马赛克法

马赛克法是整合传统研究方法(观察法、访谈法)和参与式工具(儿童会议、儿童绘画、儿童摄影等),使幼儿能够借助多元形式表达自身经验观点的一种研究方法。

(一) 马赛克法是什么

1. 马赛克法的缘起

马赛克法由英国学者艾莉森·克拉克(Alison Clark)和彼得·莫斯(Peter Moss)提出,主要想解决的是"如何倾听言语能力有限、表达方式与成人截然不同的 5 岁以下幼儿"这一难题。在"倾听幼儿"的研究项目中,他们需要对以伦敦国王十字区的科拉姆社区学校为基地的多元机构网络或"校园服务模式"进行描述和评价。科拉姆社区学校是当地为儿童和家庭提供服务的一种创新模式,以便生活在贫困且种族多元区域的幼儿及其家长享受到看护、教育、支持等服务。他们研究选取托马斯·科拉姆早期儿童中心开展倾听幼儿的研究,这个儿童中心包括了幼儿园和托儿所两部分。有两组儿童参与了这项研究,一组是中心幼儿园的 3—4 岁儿童,另一组是中心托儿所的 3 岁以下儿童。他们最终共调查了 20 名儿童、6 名实践者和 5 位家长。

在不断探索与实践中,马赛克法逐渐成型,作为倾听幼儿研究的主要成果,《倾听幼儿——马赛克法》一书于 2001 年问世。近年来,马赛克法在教育实践与研究中持续完善,为儿童教育工作者提供了一种创新的儿童研究视角。

2. 马赛克法的特点

马赛克法将儿童视为他们自身生活的专家、熟练的交流者、权利的持有者和意义的创造者,认为儿童并非被动的知识接受者,而是积极主动的学习者和探索者。儿童

---

① 刘荣飞,王洁.学业述评:概念框架、现实挑战与对策建议[J].全球教育展望,2023,52(06):38—48.

有能力对自己的生活和周围环境发表独特见解,他们的想法和感受应得到尊重与重视。马赛克法承认儿童有着独特的交流模式和丰富的内心世界,成人不能以传统单一的方式去解读儿童。该方法从儿童交流模式的多元化特点出发,不是一种单一的研究方法,而是多种方法的有机混合。它将观察、访谈等传统研究方法,与儿童摄影、旅行、绘图、角色扮演等参与式工具结合在一起,每一种方法获取的儿童经验和看法就如同一片"马赛克"碎片,当把这些不同的碎片精心拼凑在一起时,就能描绘出儿童及其生活世界的完整且生动的图景,这一图景成为优化儿童发展与教育环境的重要依据。

3. 马赛克法的工具

马赛克法通过多种研究方法和工具的综合运用,能够全面、真实地展现儿童。因此,马赛克法也被称为是一个囊括了多个研究工具的"工具箱",既包括了观察、访谈等传统研究方法,也包括了儿童摄影、图书制作、幼儿园之旅、地图制作等参与式工具。

(1)观察法

主要是指在自然情境中对儿童的行为、语言、表情等进行细致观察,观察能够呈现成人视角下的幼儿生活。对儿童进行观察,为教师提供了"倾听"其身体语言的机会,包括他们的面部表情、发出的声音和做出的动作。基于这些身体语言,教师可以对"幼小的孩子置身此地有怎样的感受"有所了解。通过持续观察,记录下儿童行为的细节和变化,为深入了解儿童的兴趣、能力、性格特点等提供丰富素材。

(2)访谈法

访谈是一种研究性交谈,是研究者通过口头谈话的方式从被研究者那里收集第一手资料的一种研究方法。儿童访谈可以一对一进行或以小组的形式进行。访谈围绕关键主题向幼儿提出问题,例如儿童最喜欢的活动是什么,最喜欢的人是谁,以及儿童不喜欢什么活动和什么人。通常以一个开放式问题作为结束,以便儿童有机会加上他们认为重要的其他内容。

(3)儿童摄影

儿童摄影是指儿童用相机围绕主题进行自主拍摄,拍摄之后要请儿童对所拍内容和拍摄原因进行解释。在使用儿童摄影这一马赛克工具的过程中,儿童直接参与拍摄过程,并通过自己的视角捕捉和表达他们对世界的理解和感受。拍照为幼儿提供了机会去"生产"一种让他们为之自豪的"成品"。照片能够为幼儿提供一种强有力的新语言,幼儿可以通过相机"沉默的声音"来传递他们的情感和信息。

（4）图书制作

图书制作是指鼓励儿童综合运用多种素材（例如儿童摄影的照片、绘画作品等）制作图书,从而反映儿童的想法、情感和经验,让儿童成为图书内容的创造者和讲述者,有助于研究者更深入地理解儿童的世界和需求。图书制作的过程和结果,可以成为教师与儿童进行进一步反思的平台。通过讨论,让儿童澄清他们试图通过照片表达什么,以及他们对拍照结果的感受。

（5）幼儿园之旅

幼儿园之旅是由儿童主导并记录的旅行。儿童通过自己主导下的游览或步行,对早期教育机构进行探索。他们可以一边带着研究者走,一边解释在各处发生的事情。儿童不仅掌控游览的进行,而且掌控着对这次游览活动的记录。幼儿园之旅为我们探索儿童关于他们自己环境的"知识"提供了可能。在这样的参观活动中,儿童往往会关注到更大范围的环境。这种由儿童主导的方式更加生动,使儿童能够通过身体移动的方式展现他们认为的优先事项。在此地,过去发生的事情和儿童的回忆会显得非常重要。

（6）地图制作

地图制作是一种把儿童在幼儿园之旅中提供的材料记录下来的方式。让儿童用自己的照片和图画来制作有关某个地方的二维地图,如幼儿园地图、教室地图等。儿童可以围绕主题,通过绘画、贴照片、写简单文字的形式在纸上制作地图。通过地图制作,儿童可以展示他们对空间布局的理解,以及对不同区域功能的认知。地图具有可视化特点,能够反映一些关键的游戏设施、更大的环境和一些细节。

（7）角色扮演游戏

角色游戏是幼儿通过扮演角色,运用想象,创造性地反映个人生活印象的一种游戏,是幼儿期最典型、最有特色的一种游戏。在马赛克法中,也可以使用角色扮演游戏这一工具,为儿童提供特定的场景和道具,让他们进行角色扮演。在游戏过程中,儿童会根据自己的生活经验和想象,模仿不同角色的行为和语言。通过这种情境化、游戏化的方式,反映儿童对某一话题的相关经验或看法。

（8）空白方块

在马赛克法中,研究者能够根据研究情境灵活调整研究工具,也可以把新的倾听幼儿以及其他参与者的方式添加进来。这些方式可能来自儿童,也可能来自实践者或特定背景中已经建立起来的表达方式,"空白方块"就代表那些可能被添加进来的研究工具。它是一个可视化的线索,提醒着研究者马赛克法的应用是一个开放式的过程,是随时可以增加或删减的。研究者可能既是马赛克法的运用者,同时也是马赛克法的发展者。

（二）马赛克法怎么用

马赛克法在实施时大致由三个环节构成:一是信息生成与采集;二是信息汇总与处理;三是结论反思及实践改造。

1. 运用综合方法搜集幼儿和成人的看法

首先,要将参与式方法与传统的方法结合起来收集儿童和成人的观点与看法,形成马赛克片区。在这一阶段,要尽量利用各种可能的渠道来生成信息、收集信息,从而获得幼儿在某一方面的感受、想法、意见、经验、兴趣等。搜集信息的渠道包括:观察(质性的观察描述)、儿童访谈(一对一或以小组形式进行的简短的结构化访谈)、照片和图书制作(儿童拍摄的他们认为重要的事物的照片和儿童制作的相关图书)、旅行(由儿童引导参观某地并记录过程)、制作地图(用儿童自己的照片和绘画描绘呈现某地)、访谈(对实践者和家长的非正式访谈)等。这些渠道中有些属于直接采集,比如观察、访谈;有些则需要研究者事先告知幼儿在以后的一段时间里具体的研究内容,并和幼儿一起了解相关研究方法,提醒幼儿可以选择他们自己喜欢的方法来表达自己对研究内容的想法。

2. 拼接信息碎片进行对话、反思和解释

在这个环节将马赛克片区拼成一幅有关看法和经验的整体图画,并就其展开讨论。上一阶段获取的有关幼儿的看法和经验,需要经过解释和反思才能成为优化决策的依据。因此,第二阶段的重点是反思,而儿童是反思的主体。我们需要将不同方法

获取的信息,如儿童拍摄的照片、绘制的图画、制作的图书、访谈记录等,进行分类汇总,并引导幼儿作出自己的解释和阐述,让研究者更清楚地了解与明晰儿童的经验背景、兴趣关注点等信息。通过整合多元信息,寻找不同方法信息之间的关联和共性,同时关注差异及产生原因,构建关于研究问题全面、立体的儿童视角图景。

3. 根据倾听结果作出实践决策和行动改进

基于前一阶段整合分析的结果,与儿童、教师、家长等相关人员一起进行回顾。向儿童进行反馈,让他们看到自己的意见被重视和采纳,例如展示根据他们建议改进后的环境照片等,增强儿童的自信心和参与感。同时,再次倾听儿童对改进结果的新看法和建议。教师根据反馈并结合实际情况决定下一步行动,如改进教学方法、优化教育环境等。还可以邀请专家等外部合作伙伴参与讨论,借助他们的专业知识和经验,为后续行动提供更全面的指导。

(三) 马赛克法应用案例——加里的马赛克①

1. 第一阶段

(1) 儿童拍照实例

加里和他的朋友约翰一起参加了拍照活动。我给这两个男孩提供了一次性相机,并要求他们拍摄幼儿园里重要的东西。他们看到过,班级里的其他几个儿童和我一起使用照相机。他们俩也很希望试一试。加里的第一批照片拍摄的是"金色房间""青铜房间"的内部以及"银色房间"中的"娃娃家"。此外,还有几张照片拍的是储藏室、堆起来的桌子和书。

之后,他们想出去拍照。于是,他们把相机放到我给他们的包里就出去了。在外面,他们拍摄了篱笆边的大树、"山洞"、小山和小屋边的空地。

随后,他们又拍摄了自行车。再之后,加里和约翰加入鲍勃的活动,他们一起在户

---

① 艾莉森·克拉克. 倾听幼儿——马赛克法[M]. 刘宇,译. 北京:中国轻工业出版社,2020:34+40+53—56+60.

外画桌上画画。加里画了一张细节丰富的画,他给它起名叫"蝙蝠侠与罗宾"。他非常高兴自己找到了办法把他的画贴到户外的墙上。他给这幅画拍摄了几张照片,也给和鲍勃一起工作的其他儿童拍摄了照片。最后,他拍摄了约翰、隧道和滑梯。

——摘自研究者的田野笔记

这是一段研究者的田野笔记,详细记录了加里在进行儿童摄影时的完整过程,可以帮助我们还原当时的情境,也便于研究者后续的反思解释。

通过分析以上的观察记录和儿童拍摄的照片,可以反映出儿童看待幼儿园生活的视角。儿童选择拍摄:

○ 朋友

○ 最喜欢的游戏设施

○ 展示栏里儿童外出活动的照片

○ 大树

○ 关键教师

○ 隐蔽的空间

○ 自己的艺术作品

○ 家具

(2)幼儿园之旅实例

为了了解加里对这个地方的看法,我要求他带着我在整栋建筑里走一圈。我向他解释,我想更多地了解他一天中都使用了哪些房间。我带了一个小型的磁带录音机,加里则拿了一台一次性相机。

他先把我带到金色房间里的玩水区,然后带我去了前门。他向我展示了门厅处他喜欢玩的那些玩具。之后,加里带我去了他弟弟所在的紫色房间。加里给他的弟弟罗宾和他的垫子拍了照片。我向加里询问橙色房间,希望他带我去参观。他向我介绍了橙色房间里的茶点时间,以及他最喜欢的玩具。无论我们参观到哪个房间,加里都希望加入该房间内开展的活动。我们经过游戏室("舞蹈室")回到幼儿园。加里向我展示了银色房间里的手工区,拍了张照片并停下来制作模型。最后,他以和鲍勃一起进行图书制作活动结束了这次旅行。

——摘自研究者的田野笔记

为了了解加里对幼儿园游戏空间的看法,研究者要求加里带着他在整栋建筑里走一圈,更多地了解他一天中都使用了哪些房间。研究者详细记录了这段旅行的先后顺序和期间发生的事情。例如:加里先把研究者带到金色房间里的玩水区,然后去了前门;之后,去了他弟弟所在的紫色房间。研究者还记录了参观时呈现的一些共性特点,例如:无论参观到哪个房间,加里都希望加入该房间内开展的活动。在幼儿园之旅之后,研究者归纳提炼出幼儿看待幼儿园生活的视角。

儿童参观并谈论的几项重要内容包括:

○ 允许他们进入的房间

○ 不允许他们进入的房间

○ 最喜欢的活动开展的房间

○ 最喜欢的人工作的房间

○ 有关他们自己作品的展示

○ 户外空间

○ 走廊等位于两个空间中间的区域

○ 兄弟姐妹所在的房间

○ 朋友和实践者

2. 第二阶段

上述内容呈现了不同马赛克工具收集到的关键主题,从中我们可以发现,不同工具收集的信息相互印证,又相互补充。加里在建构马赛克碎片的过程中发挥了重要作用。这些碎片放到一起,就详细地描绘了在幼儿园里加里生活的重要内容有哪些。

加里表达了幼儿园生活中的以下内容对他很重要:

○ 躲藏的地方

○ 玩想象性游戏的户外空间

○ 和朋友一起玩的时间

○ 自行车

○ 由成人来维持秩序

○ 用于其他地方、家人和朋友的时间

围绕以上这些主题,研究者进一步综合信息,并就其与加里、他的朋友、他的妈妈及关键教师进行对话、反思和解释,发现背后的意义价值。

想象性游戏。儿童访谈为讨论提供了一个有趣的起点。7月份时,加里称滑滑梯是幼儿园里"最喜欢的游戏"。11月份时,答案已经变成:"去我的山洞,在沙漠里干活,在山洞里听音乐。山洞里非常黑,所以我需要火把。这个火把是一个带魔法的火把。"这一答案也出现在加里有关"幼儿园里,你最喜欢的地方是哪里"的回答中,他说"在我的山洞里听音乐。那是来自我的魔法收音机里的魔法音乐。"

和朋友一起玩。在加里拍摄的很多照片里都出现了约翰的身影。此外,在儿童会议上,当回答"你喜欢的人是谁"时,他也提到了约翰。

不和某某玩。在儿童访谈中,加里很清楚地表明他不喜欢某个小朋友,他也要求不和这个小朋友一起游览幼儿园。

自行车。自行车是加里生活中的另一个主要事物。当被问及他为什么来幼儿园时,他回答:"我来骑自行车。"当被邀请画一画幼儿园时,他也画了一辆自行车。

秩序。对加里来说,秩序似乎非常重要。他认为,成人的工作之一就是"批评人"。这一点与他不喜欢的事物联系在一起:他不喜欢被其他孩子推撞、击打。

和他的弟弟玩。在幼儿园之旅中,加里带着研究者去看了他的弟弟(18个月大),他弟弟在儿童中心的托儿所一侧。他们之间相亲相爱,从他们彼此的问候中就可见一斑。

研究者和加里的妈妈及关键教师的对话,让研究者对加里上述的一些认识更加清晰;然而,也表明了她们在其他方面的不同看法。加里的妈妈证实了,想象性游戏、好朋友及自行车对加里很重要。他认为的重要事物在7月和11月之间没有很大的变化。对于加里在幼儿园还会去其他地方,他的妈妈回应称,全家一起追求一些不同的趣味和探索不一样的地方也很重要。加里的关键教师说,户外空间对加里和他的朋友们而言很重要;关键教师对于加里固执地不喜欢某个孩子感到很惊讶。

3. 第三阶段

研究者利用本研究中搜集来的材料与儿童中心的实践者们开展评估对话,目的是探究"对儿童来说,置身此地是怎样的"。首先,研究者利用儿童搜集来的材料与实践者进行讨论,这些材料反过来又成为研究者进一步反思的问题和行动的依据。

基于加里的记录提出如下反思性问题:

○ 你给我提供了躲藏的空间吗?

○ 你让我在草地上玩了吗?

○ 你给我提供自己创编游戏的时间了吗?

○ 你让我玩自行车了吗?

○ 你让我看我弟弟了吗?

○ 在改造花园之前,你问过我是怎么想的吗?

基于以上研究发现和其他幼儿的马赛克碎片,研究者最终提出两个在未来改进游戏空间时需要加以关注的地方:一是就外部空间的使用更广泛地征求儿童的意见;二是在儿童中心要有供兄弟姐妹一起玩的地方。

第三节
以学生学习为中心的课例研究

课例研究（Lesson Study）的基本解释就是"课的研究"，即研究中小学特定科目、特定学习内容、以 40 分钟左右为单位的课。[①] 从不同角度审视，课例研究又有不同的含义：作为教师合作方式，它是对教学过程所开展的合作性研究；作为课堂教学研究方法，它包括设计本位取径、话语分析取径、描述性评论取径等；作为教师专业发展路径，它包括一般行动路径和以学习为中心的课例研究模式等。[②] 本部分主要阐述以学习为中心的课例研究。

一、基本内涵

课例研究一般遵循"确立研究主题—规划教学设计—实施课堂观察—开展课后研讨—撰写研究报告"的研究路径开展。以学生学习为中心的课例研究，是关注学生学习、促进学生学习为价值取向的课例研究，有着自己独特的基本内涵和操作流程。

课例研究的学习转向经历了一个曲折交错的过程，伴随着轰轰烈烈的教育理念变革和课程改革。在上世纪以教师为中心、教案为中心的时代，课例研究更多的是对教师"教"的研究，体现为备课、观课、说课、磨课，更多关注教师的教学行为，相对较少关心学生的学习状态。当被称为"儿童的世纪"的本世纪到来，随着课改的推进和教育理

---

① 王荣生，高晶. 课例研究：本土经验及多种形态［J］. 教育发展研究. 2012,32(10)：44—49.
② 安桂清. 课例研究［M］. 上海：华东师范大学出版社，2018：1—2.

念的变革,教学也从教更多转向学生的学,课例研究也迎来了以学生学习为中心的价值取向。

以学习为中心的课例研究,一是关注学生的学习。包括学习的起点、状态和学习的结果;关注学生学习的过程,也对学生开展学情分析,涵盖课前学情分析、课中学情分析和课后学情分析。二是关注教师自身的学习。教师对学生和学情进行分析研究的过程,也是教师作为学习者和合作者不断提升专业能力、促进专业发展的过程。三是教学与研究相结合。教师作为学生学习的研究者将课堂教学与学生研究互相融合,体现了教学即研究、教师即研究者的意蕴。

二、操作流程

根据"确立研究主题—规划教学设计—实施课堂观察—开展课后研讨—撰写研究报告"的课例研究一般路径,以学生为中心的课例研究则需要将以学习为中心的理念贯彻融入其中。①

1. 确立研究主题。在此环节,教师不仅要思考自己在教学中遇到的难题,也要把学生可能遇到的学习困难融进去,做到研究中有教师教,更有学生学,实践中不仅有"教法"更有"学法"。比如就"理解学科内容"而言,今天仍有教师专注于以"问题链"的方式分解学科内容,然后由浅入深地加以讲授,这仅仅考虑了"教师教"的问题,没有考虑"学生学"的问题。

2. 规划教学活动。在此环节,教师首先要做的就是进行学情分析,了解学生的学习状态和个体差异。教师首先要通过多种收集资料的方法了解学生学习状态,进而系统设计学情分析。国际上,可以参照的方法包括:一是香港"课堂学习研究"为诊断学生的学习困难所采取的基于变易学习理论的测试法。该方法把学情分析与具体的教学内容相联系,重视引导教师通过前测了解学生在学习上出现困难的关键属性,鉴别学生理解上有什么差异,然后运用适当的变易图式,设计学习经验来帮助学生聚焦于关键属性,从而学会需要掌握的学科内容。二是认知访谈法。该种方法由皮亚杰开

---

① 安桂清. 课例研究[M]. 上海:华东师范大学出版社,2018:150—154.

创,其学生达克沃斯加以完善,是指一个或几个教师,在一群学生中,通过创设情境让每一个人发现自己的问题,在持续的探讨中,遵循并发展自己的观念。三是日常观察法。借鉴美国学者赫姆莉和卡列尼关于开展"儿童描述性评论"的内容和程序,通过对儿童及儿童作品的持续观察、描述、评论,找出每一个儿童的优势所在并使之具体化。日常观察重点包括身体外表和姿势;气质和性情;与其他人(孩子和成人)的关系;强烈的兴趣和爱好;思维和学习模式。

3. 实施课堂观察。课堂观察在前面章节已有论述,以学生为中心的课堂观察并不是只观察学生的学,而不涉及教师的教;而是通过学生学习的表现对教师的教学状况进行透视。要实现上述诉求,观察的对象要从教师身上转到学生身上,并开发相应的观察工具。如以安桂清教授开展的一次课例研究为例,对学生集体学习情况的考察借助"学生参与度观察表"进行。该观察表以学生的座位表为工具,当学生回答问题时,由观察者在学生相应的座位位置上记录两类信息:一是回答问题序号,二是回答问题是主动回答还是被动回答(分别用英文字母 A 和 P 表示,同一问题可有多次回答,作多次记录)。例如 3P,表示第三次回答某问题且是被动回答。如果齐答,则在右侧以"正"字记录次数。通过这张表格,全班学生的课堂参与情况一目了然。

4. 开展课后研讨。以学生学习为中心的课后研讨,应注重遵循"关注学生学习的事实而非教师教学的风格"的基本原则,使研讨着眼于课堂中儿童学习的事实来展开,最终用关于学生学习的信息修订教学实践。为打破课后研讨观摩者常用的"优点加缺点"的点评式研讨模式,以学习为中心的课例研究在课后研讨时力求体现"以学论教"的主旨:首先是观察者向执教者汇报"基于研究主题我们观察到了什么(学生的课堂表现、课后访谈内容、学生作品分析等)";其次是询问执教者"观察结果反映出学生的学习存在怎样的问题";再次是双方共同讨论"我们如何帮助学生解决这样的问题";最后是观察者和执教者分享"上述学生的表现与我对他们的原有认知存在怎样的距离"。

5. 撰写研究报告。通常,课例研究报告需要交代研究主题的选取、教学方案的规划、教学实践的开展、教学成果的检讨、附录等信息。但为凸显以学生学习为中心和以学改教的要求,也可以把研究主题的选取、教学方案的规划两部分合并,作为课例研究的背景信息简要加以呈现;然后重点呈现教学实践的开展、教学成果的检讨两部分;同时将这两部分分为观察结果、问题概括、改进建议三个方面进行铺陈。

三、研究案例

以学习为中心的课例研究在实际教学中具有显著的应用价值。例如,北京师范大学王磊教授团队开展的高端课例研究项目,聚焦于科学学科中的素养提升问题。该团队提出了一种科学素养模型,并通过量化研究方法观察学生在课堂中的表现变化。研究发现,这种基于学习者需求的课例研究模式能够有效促进学生的科学素养发展。其研究成果被全国100多所学校采纳,证明了该模式在提升教学质量方面的广泛适用性。这一实例表明,以学习为中心的课例研究不仅关注教学内容的设计,还注重对学习过程的深入分析和优化。

四川大学与成都外国语实验学校合作的教师成长案例则展示了课例研究对教师专业发展的推动作用。① 该项目围绕初中数学轴对称概念的教学展开,通过设计前后测、课堂观察及研讨环节,深入探讨不同阶段学生对该概念的理解水平。研究表明,教师在参与课例研究的过程中,能够更清晰地认识到学生的学习难点,并据此调整教学策略。这种研究模式不仅提升了学生的理解能力,还为教师提供了展示研究成果的平台,如国际会议交流机会,进一步扩大了研究的影响范围。这说明课例研究不仅是改进课堂教学的有效手段,也是促进教师职业成长的重要途径。

德胜小学开展的以学习为中心的课例研究实践模式,则从操作流程的角度明确了课例研究的核心环节。该校梳理了课前准备、课堂实施和课后反思的具体步骤,强调每个环节的操作要点。例如,在课前准备阶段,教师需要明确研究主题并设计合理的评估工具;在课堂实施阶段,通过细致的课堂观察记录学生的学习行为;在课后反思阶段,组织团队讨论并总结改进措施。这种系统化的操作流程帮助教师从学习者的角度重新审视课堂,从而实现教学方式的持续改进,强调了将教学重点从"如何教"转向"如何学"的重要性。这种转变有助于恢复教师作为儿童研究者的专业形象,使他们更加关注学生的学习需求和成长规律。

---

① 安桂清.以学为中心的课例研究[J].教师教育研究,2013,25(02):72—77.

综合来看,这些课例研究实例充分体现了以学习为中心的研究模式在促进学生学习和提升教育质量方面的潜力。无论是科学素养的培养、数学概念的理解还是教学流程的优化,课例研究都为教师提供了一个有效的实践框架。通过不断探索和改进,这一模式有望在未来教育教学实践中发挥更大的作用,推动课堂教学向更高层次发展。

第四节
从基于设计的研究到基于设计的实施研究

一、基于设计的研究(DBR)

1992 年,美国加州大学伯克利分校的布朗(A. L. Brown)和西北大学的柯林斯(A. Collins)提出了基于设计的研究(Design-Based Research,DBR),随后基于设计的研究在学习科学领域逐步发展起来。

(一) 基本内涵

基于设计的研究的提出者布朗和柯林斯没有对 DBR 作出明确的界定,不同研究者根据自己的视角提出了不同的定义。从改进实践的角度,科布(P. Cobb)等将 DBR 定义为"设计实验的典型之处在于承担了'设计'特定学习方式和系统地研究这些学习方式两大任务。学习的情境则根据支持其存在的方式而定。这种设计好的情境需要在实践中进行测试和修正。而连续的迭代就发挥着实验中的系统变量的作用。"[①]

研究者巴拉布(S. Barab)强调了 DBR 的方法论特征:"基于设计的研究主要研究特定环境中的学习过程。研究者设计特定的环境,并系统地对环境作出改变。基于设计的研究并没有像'食谱'一样的固定方法,而是以直接实践的同时完善理论为目的,

---

① R. 基思·索耶. 剑桥学习科学手册(第 2 版)[M]. 徐晓东,等译. 北京:教育科学出版社,2021:157.

在自然环境下研究学习的方法的集合。基于设计的研究的目的在于,对一个简单的学习环境进行细致深入的研究。这种深入的研究通常发生在真实的情境中,经过多次的迭代实践,进而发展出新理论、产品和可以在其他学校或者班级推广的实践。"①

华东师范大学安桂清教授界定了教学情境中 DBR 的含义:"在具体教学情境中,探索实际教学问题的解决,在研究者和实践者的协作下,设计有效的干预并将最初的设计付诸实施,综合采用量化和质性等多种研究方法检验结果,通过反复的分析、设计、实施和完善,在改进教育实践的同时,修正和发展新的教育理论的一种新兴研究范式。"基于这个界定,进而总结出 DBR 的六个关键特征:②

一是情境性。在自然情境下,通过为特定的场合设计学习环境来促进教和学。

二是迭代性。需要研究者和实践者协作来设计能够引起实践变化的干预,并且经过分析、设计、评价、修正的迭代过程不断改进干预,是一种重复的设计和评价的循环过程。

三是干预性。研究者需要设计一些人工制品和理论模型应用于实践,研究过程聚焦于干预的理解和完善,对研究过程进行详细记录,确保过程的透明与清晰化。

四是合作性。DBR 是教育研究者和教学实践者共同参与的研究范式,研究者基于理论对教学系统进行初始干预,实践者主动参与其中,在具体的情境中进行实践,检验干预的有效性,力图改进理论和实践问题。

五是理论生产性。一方面,干预的设计是理论驱动的;另一方面设计的实施又有助于理论的建构与提升。

六是实用导向性。DBR 体现了杜威的实用主义思想,其目标不是去检验理论的可行性,而是希望通过设计不断解决现实情境中的问题并且提炼理论,促进理论、设计和实践的相长,最终引起教育实践的持续变革。

作为一种研究方法论,基于设计的研究与传统实验研究有所不同,它强调在真实情境中设计并测试教育干预措施,更加强调实践导向、理论指导和情境嵌入和迭代实践。

① R. 基思·索耶. 剑桥学习科学手册(第 2 版)[M]. 徐晓东,等译. 北京:教育科学出版社,2021:157.
② 安桂清. 课例研究[M]. 上海:华东师范大学出版社,2018:33—36.

（二）操作流程

在实践研究操作中，DBR 通常包括以下六大关键环节：

环节一：问题识别分析。从识别、分析教育教学中的真实问题，如学生学习参与度低、学生对重要概念理解存在困难等。同时，开展需求分析和文献研究，进而生成有意义的研究问题，并初步确立研究目标。

环节二：建构理论框架。基于相关理论比如建构主义理论、具身认知理论等，同时整合教与学的理论，使之成为整个研究过程的理论支撑。

环节三：设计干预措施。为解决有意义的真实问题，基于理论框架设计一个教育干预，并且将这个理论框架置于真实情境中从而检验干预的有效性。在 DBR 中，设计既是研究问题本身，也是修正理论和原理的重要工具。

环节四：实施迭代干预措施。在真实课堂中实施设计方案，通过观察、访谈、测试、测验等方式收集多维度数据。同时，基于分析数据识别设计中存在的问题与缺陷，修正迭代干预设计方案，具体如调整交互设计或教学环节、优化教学方式等。

环节五：评价总结干预效果。在详细记录干预设计从理论到实践过程的基础上，描述设计理论与多元实践之间的相互影响，分析总结设计的干预影响因素与干预效果。

环节六：总结提炼理论成果。在干预实施与迭代的过程中总结规律，提出理论主张，探索建构理论模型。同时，在更广泛的情境中验证方案的普适性，不断完善理论。

在上述环节的基础上，研究团队需要撰写一系列进度报告、中期报告、总结报告等，开发典型样例，发表研究论文，总结提炼并推广研究成果。

（三）实践案例

上述对 DBR 的相关理论进行了阐释。在此基础上，为了使教师对 DBR 有更为具象的认识，下面以"DBR 在初中数学探究式学习中的应用"为例进行说明。该案例从"设计并优化探究式学习的教学模式"问题开始，经过"设计—实施—评价—改进—再实施"的过程,优化探究式学习教学模式。

DBR 在初中数学探究式学习中的应用

一、研究背景

在传统的初中数学教学中,学生普遍存在被动接受知识、缺乏探究能力的问题。为了提升学生的数学思维和问题解决能力,本研究采用 DBR 方法,设计并优化探究式学习(Inquiry-Based Learning, IBL)教学模式,以"一元二次方程的应用"为例,探索如何有效提升学生的数学探究能力。

二、研究设计

1. 初始设计阶段

(1)问题分析。通过前期调研发现,学生在解决一元二次方程应用题时,往往机械套用公式,缺乏对实际问题的建模能力。

(2)理论框架。基于建构主义理论和探究式学习模型,设计"问题情境—自主探究—协作讨论—反思优化"的学习流程。

(3)初步设计方案。

教学目标:学生能自主分析实际问题,建立一元二次方程模型并求解。

学习活动:

- 情境导入(真实问题,如"矩形花园的最大面积问题")。
- 小组探究(提供学习支架,如问题分解表)。
- 班级分享与教师引导式总结。

评价方式:课堂观察、学生作业分析、问卷调查。

2. 第一轮实施与评价

(1)实施过程。在某初中八年级班级($N=45$)进行教学实验,观察学生在探究活动中的表现。

(2)发现问题。通过观察,发现部分学生缺乏探究方向,依赖教师提示;小组讨论效率低,个别学生参与度不足;部分学生对数学建模的理解仍停留在表面等问题。

(3)评价与反思。在此基础上,经过教研员与教师共同探讨,得出产生上述问题原因:学习支架不足,需提供更清晰的探究指引;分组策略需优化,确保每位学生参与;建模思维训练不足,增加建模思维的专项训练。

3. 改进与第二轮实施

(1) 改进措施。

基于上述分析，明确了下述改进措施：

- 设计分层探究任务（基础、进阶、挑战）。

- 引入角色分工（记录员、汇报员、监督员）提升小组合作效率。

- 增加"思维可视化工具"（如问题拆解流程图）。

(2) 第二轮实施。

经过调整后再次实施，发现学生探究目标更明确，小组协作更高效；更多学生能独立完成建模任务；课堂互动质量提升，学生提问更具深度。

三、研究结论与启示

1. DBR 方法的有效性：通过"设计—实施—评价—改进"的迭代过程，优化了探究式教学模式。

2. 关键成功因素：提供结构化学习支架（如问题拆解表）；动态调整分组策略，促进全员参与；结合形成性评价，及时反馈调整。

3. 推广应用价值：该模式可迁移至其他数学主题或理科课程，促进学生深度学习。

二、基于设计的实施研究(DBIR)

基于设计的实施研究（Design-Based Implementation Research，DBIR）这一表述，最早是在 2011 年的《教育研究者》（*Educational Researcher*）中提出的。[①] 基于设计的实施研究（DBIR）是基于设计的研究（DBR）的新发展，是探索在教育研究与教育实践之间建构一种新型关系的方法论。

(一) 基本内涵

作为学习科学领域的创新性研究方法论，DBIR 是一种实践导向的、协作设计、动

---

① 弗兰克·费舍尔，辛迪·赫梅洛-西尔弗，苏珊·戈德曼，等.国际学习科学手册[M].赵建华，尚俊杰，蒋银健，等译.上海：华东师范大学出版社，2022：437.

态迭代的具有系统性和协作性的研究方法。DBIR 旨在通过设计与实施的深度整合，解决教育实践中复杂、系统性的问题。DBIR 的核心目标在于促进教育干预措施在真实情境中的规模化应用，优化教育决策者、教育理论者和教育实践者之间的协同合作，进而创生能够指导实践的理论。

(二) 操作流程

DBIR 主要遵循"问题诊断—协同设计—实施评估—迭代改进—系统推广"这一循环框架，涵盖以下几个实施阶段：

阶段一：问题诊断。识别系统层面的实施障碍，比如学习资源分配问题等，分析系统内部利益相关者的多元需求与能力差距。

阶段二：协同设计。教育研究者与教育实践者整合并明确设计的理论依据，共同研制针对问题的干预措施方案。

阶段三：实施评估。在真实的教育情境中进行试点实施，通过观察、访谈、问卷等收集多方面的实施信息，分析实施的影响因素和实际效果。

阶段四：迭代改进。根据实施反馈，研究团队调整方案，优化实施路径和方法策略等，对实施进行优化改进。

阶段五：系统推广。总结设计与实施经验，形成相应的政策建议，开发典型实践样例，形成标准化指南文本等，支持跨学校、跨区域、跨系统的规模化推广应用。

(三) 实践案例

DBIR 经常被用于解决不同类型的教育挑战，研究者们开发并形成了一系列的应用案例。在这里，我们主要介绍一个美国使用 DBIR 提高中学生学术语言学习水平的研究案例。①

---

① Snow, C., Lawrence, J., & White, C.. Generating knowledge of academic language among urban middle schools students [J]. *Journal of Research on Educational Effectiveness*, 2009, 2(4), 325 - 344.

在美国,许多中学生努力通过阅读来学习,即为了掌握学科内容而进行读写实践。战略研究教育合作研究所(Strategic Research Education Partnership Institute)及其学区合作伙伴之一波士顿公立学校(Boston Public Schools)在发现"学术语言"是导致中学生考试成绩较低的原因之后,开始着手解决提升学生英语专业词汇这一问题。该合作小组成立了一个由教师、学区领导和哈佛大学的读写专家组成的设计团队。研究者和实践者共同设计研究过程和一系列干预措施,教师可以在增加少量时间的基础上与学生一起定期实施,并让学生参与到与个人相关的主题辩论之中。这项被称为"单词生成"(word generation)的干预研究既包括对其影响的实验研究,也包括侧重于确定实施过程中变异性来源的研究。这是一项随机分配的研究,一部分教师的课堂被抽签分配来接受"单词生成",另一部分教师的课堂则没有被分配。经实践研究发现,研究团队共同设计的干预对学生的词汇有显著影响。另一个由教育变革学者领导的研究小组帮助教育者了解在何种条件下实施该计划能有效提高学生成绩。这项研究不仅为在波士顿公立学校的推广中提供了信息,而且还将其推广到其他地区,说明了如何将有效实施的经验教训应用到新的环境中。

第四章
学习研究成果的表达应用

　　中小学教师的学生学习研究成果有多元呈现方式，比如基于学习证据的教学反思、基于现状的调研报告、以学习为中心的教学案例、研究论文和研究报告等。我们更期待看到的是，中小学教师在对学生学习研究成果进行多元表达的基础上能够研以致用，比如基于研究证据的教学改进、基于研究实践的教研转型、对学习研究成果进行推广应用等等。作为教学研究方法、教师专业发展路径、推进教学变革工具，课例研究（Lesson Study）强化了教学研究与教学实践之间的关联，对于改进课堂教学行为、促进学生学习成长、支持教师专业发展具有重要意义。

第一节
以学习为中心的课例研究报告

一、以学习为中心的课例研究的基本主张

以学习为中心的课例研究组织样态具有多样性、合作性等特征。研究主体通常涵盖三种类型:一是由中小学教师群体内合作如教研组、备课组、年级组等;二是中小学教师与教研员、科研员的合作;三是中小学教师与高校研究人员的合作。

1. 从以教为中心转向以学促教

教师应该从关注自身的教学行为转向关注学生的学习过程,更加强调教师的"教"服务于学生的"学",全面关注学生的学习起点和学习进程,因学设教、以学观教、以学论教和因学改教,探索在对课程教材教法的研究过程中有机嵌入对学生学习的理解与认识。

2. 体现教学与研究的一体化

教师既是教学实践者,也是学生学习的研究者。教师的教学过程与教师的学习研究相伴相生、相互促进。以学习为中心的课例研究有力践行了课堂教学研究与学生学习研究的一体化。就某种意义而言,这意味着我们不应该把教学视为研究的对象,而应该把教学视为研究本身。

3. 推进课堂教学的文化变革

课堂教学作为一种文化活动,课堂教学的顺利开展有赖于教师在长期的教学实践中所形成的对于课程教材、学生如何学习以及教师职责职能的理解。以学习为中心的课例研究不仅是研究方法或是研究范式革新,更是对传统的课堂教学文化的一种重构。

二、以学习为中心的课例研究报告的撰写

作为教育科研成果的一种表达方式,课例研究报告撰写有着基本格式和基本规范。以学习为中心的课例研究报告主要包括研究主题的确立、研究方案的规划、研究过程的开展、教学成效的检讨、结论与启示这五大块面的内容。具体课例研究报告的撰写要点及相应的撰写提示如表4-1所示。

表4-1　课例研究报告的撰写要点

一、基本信息				
学校名称			撰写者	
学科			年级	
类型				

二、报告框架			
部分	一级主题	二级主题	三级主题
一	研究主题的确立	选择课题	
		确定内容载体	
二	研究方案的规划	学情分析	
		教学方案设计	
		课堂观察的重点与工具	
		研究人员的分工	

三	研究过程的开展	第一轮教学实践及研讨	问题	
			修正方案	
		第二轮教学实践及研讨	问题	
			修正方案	
四	教学成效的检讨	后测表现		
		与前测的比较		
五	结论与启示	问题解决的结论		
		对教学/课例研究的启示		

三、写作提示

研究主题的确立	研究主题的确立旨在明确研究的目的与指向。这一部分需要说明两个方面的问题：第一，说明课例研究小组期望解决的教学课题是什么；第二，确定选择哪节课作为课例研究的载体，阐述这节课的教学主题与研究课题之间的关系，明确通过对这节课的研究期望解决的具体问题有哪些。
研究方案的规划	研究方案的规划不仅需要展现课堂教学实施的蓝本，同时也要提供课堂观察的重点与工具。这部分需要阐述四个方面的问题：第一，学情分析。针对某一教学主题进行课前测试或学生访谈，了解学生对所学内容的掌握情况，以此作为教学方案设计的基础。第二，教学方案设计。阐述基本的教学流程，描述具体的教学方式，避免将教案照搬到研究报告中。第三，课堂观察的重点与工具。依据研究主题，确立课堂观察的重点，开发相应的课堂观察工具，收集课堂信息。第四，研究人员的分工。说明教学设计、授课、课堂观察、课后访谈、前后测、数据分析、技术支持等研究任务的分工情况。
研究过程的开展	研究过程的开展主要描述在2—3轮的教学实践中，针对教学问题教师对教案做出了哪些修订，教学的干预措施发生了哪些迭代改进。这部分的写作建议：第一，聚焦问题描述两轮教学的开展情况，注意突出重点，避免再现课堂教学实录；第二，注意依据课堂观察工具，收集学生学习信息，记录学生的课堂参与程度和具体表现，说明不同轮次教学中学生表现的变化情况；第三，说明每一轮教学结束后，课后研讨的议题及论点，阐释教学存在的问题及下一轮的修正方案。

教学成效的检讨	根据学生的后测表现以及与前测情况的比较,推断课例研究中作为干预措施的教学策略、方法或工具等的实施效果。教学成效的检讨建议反映下列两个问题:第一,学生的后测表现,可使用工作单(课堂任务单、记录单等)分析学生的思维、使用测试题反馈学生学习效果、运用分层抽样访谈估计学习效果或者运用 SOLO 法分析学生的问题解决或任务达成水平。第二,前后测的比较。两个班的前测和后测比较,或者两个班各自前后测差距的比较,通过统计手段确定两个班的学习结果是否有显著性差异。
结论与启示	在课例研究小组群体研讨与执教教师自我反思基础上对课例研究做出总结与提炼。这一部分建议回答两个方面的问题:第一,针对课例研究的主题,回答其一开始提出的要解决的课题,得出问题解决的结论。重点说明教学的干预措施在课例研究中实现了何种迭代,成效如何。第二,对教学/课例研究的启示。针对课例,注意以例说理,实现经验与逻辑的有机结合,说明对既有教学理论可做哪些具体化阐释、修正或发展,针对情境得出更具说服力的观点和判断。同时关注对课例研过程本身的反思,思考在研究组织、主题、程序与方法、规则等方面可以做哪些改进。
附录 (选填)	根据需要可灵活补充教案、观察表以及实地观察记录等其他材料。

[课例研究报告]

基于学生认知差异的学习支架设计

——以小学四年级数学"角的度量"为例

一、研究主题的确立

（一）研究问题的提出

《义务教育课程方案(2022 年版)》指出,为落实培养目标,义务教育课程应坚持面向全体学生,因材施教;同时课程内容应当聚焦核心素养,面向未来。学校办学理念回应国家要求,同时映照着我们对基于差异促进共同成长的追求。对接办学理念,我们进一步倡导"因异共成"的课堂文化,其内涵包含两个层次:基于公平,教育每一位学生,使全体学生都能达成国家课程标准的底线要求;聚焦高质量,为每个学生而教,针对学生不同的能力与需求采取适宜的教学与评价方式,促进每个学生在其原有基础上都能获得最大限度的发展。

然而在实际推进课堂文化建设的过程中，学校也同样遇到了难题，那就是如今的学生，个体差异非常明显，包括学习风格、认知基础、认知能力等方面都存在较大的不同。因此，教师在推进"因异共成"课堂的过程中，最大的难点便是缺少一个抓手，来探寻针对不同类别学生采取适宜的教学与评价方式的策略与方法，学校也尚未找准构建"因异共成"课堂的关键技术。

为解决以上关键问题，学校通过理论研究，发现皮亚杰和维果茨基作为建构主义理论的代表，都提倡要为儿童的认知发展搭建"脚手架"，要通过做中学来习得知识与本领。建构主义还提出学习是学习者基于原有的知识经验生成意义构建理解的过程，其强调学习材料对于个体的意义，注重学习过程中学习主体基于学习内容的生成与创造。

综上所述，学校以办学理念及育人目标引领下的学校课堂转型为核心，聚焦课堂新样态的建设，从学生的认知基础差异的诊断出发，以学习支架的搭建为抓手，以课例为研究载体，确立了"基于学生认知基础差异的课堂学习支架设计课例研究"的主题。

希望通过课题研究，为一线教师提供针对学生个体差异采取教学方式，促进学生在原有基础上获得最大发展的抓手与有效策略。

（二）研究对象的选择

本次课例研究以小学数学四年级"角的度量"一课为例。数学操作与测量历来是学生表现最参差不齐的学习模块之一，认知基础较高的学生原本就已经具备了一定的知识与技能，经过一节课的学习并没有得到任何提升，而认知基础较薄弱的学生经过学习依然对重难点存在混淆，无法规范地使用工具进行测量。

因此，本研究以"角的度量"一课作为载体，选取四年级3班、6班为第一轮研究班级，四年级5班、7班为第二轮研究班级。期望通过研究，初步梳理、归纳学生认知差异，设计并提供课堂学习支架的有效策略，提供典型样例。

二、研究方案的规划

（一）前测与学情分析

针对"角的度量"学习内容，数学学科教研组长带领两轮研究中的两位执教教师，分别从单元前期知识（角的概念理解）、前期操作经验（线段长度测量）、知识结构中的核心概念理解（把握测量对象属性），设计以下三部分的前测内容。

【第一部分：角的概念理解】

1.①是角的（   ），②是角的（   ），也是一条（   ）。

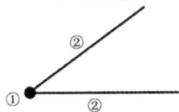

A. 点   B.顶点   C.射线   D.边   E.线段
【评价目标】能正确说出角的各个部分。

2. 选一选下面哪个角更大？请你说说理由。

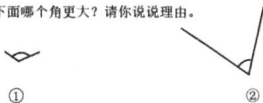

我觉得（   ）。
A. ①的角更大。   B.②的角更大。   C.两个角一样大。
因为：_____
【评价目标】初步理解边的开合与角的大小的关系。

图1   角的概念理解前测

【第二部分：线段的测量】

3. 判断下列各线段是否能够度量，并在相应的"○"内打勾。如果能度量，则在空格中写出具体长度。

【评价目标】能正确且规范的使用直尺测量线段。

A.

依据图示，上图①能度量○，长度是（ ）厘米（ ）毫米。
②不能度量○。

B.
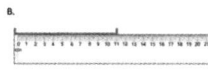
依据图示，上图①能度量○，长度是（ ）厘米（ ）毫米。
②不能度量○。

C.
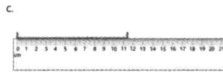
依据图示，上图①能度量○，长度是（ ）厘米（ ）毫米。
②不能度量○。

D.
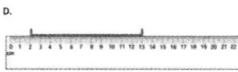
依据图示，上图①能度量○，长度是（ ）厘米（ ）毫米。
②不能度量○。

图2   线段长度测量前测

【第三部分：把握测量对象】

4.连一连
根据题目要求选择合适的测量工具。

这个杯子有多重？ •   • 圆规

这个杯子可以装
多少水？ •   • 天平

数学书封面的长
是多少？ •   • 方格纸

数学书封面的面
积是多少？ •   • 直尺

                                    • 量杯

【评价目标】能正确且规范的使用直尺测量线段。

图3   把握测量对象前测

基于四年级学生前期的学习表现,四年级备课组选择前期学习表现相对较为接近的4个班级参与两轮研究,并进行前测,教师收集前测中"角的概念理解""线段长度测量""把握测量对象"三个模块的完成数据如表4-2和表4-3。

第一轮研究班级为四年级3班和6班。

表4-2　第一轮研究班级前测数据统计

检测内容	学　生　表　现
角的概念理解	67%学生概念准确;23%学生概念模糊;10%学生概念混淆
线段的测量	10%学生能既规范又灵活地对线段长度进行测量或推理;70%学生能规范地对线段进行测量;20%学生对于线段的测量方法需要引导
把握测量对象	95%学生能准确把握测量对象;5%学生对测量对象混淆

第二轮研究班级为四年级5班、7班。

表4-3　第二轮研究班级前测数据统计

检测内容	学　生　表　现
角的概念理解	74%学生概念准确;16%学生概念模糊;10%学生概念混淆
线段的测量	21%学生能既规范又灵活地对线段长度进行测量或推理;61%学生能规范地对线段进行测量;18%学生对于线段的测量方法需要引导
把握测量对象	95%学生能准确把握测量对象;5%学生对测量对象混淆

根据以上前测数据,基于认知基础,对学生进行如下的差异分类:

A类:正确掌握前期知识,且具备一定的灵活推理、迁移应用能力。

(第一轮研究班级8人;第二轮研究班级17人)

B类:掌握角的概念与线段测量方法,但需提升知识迁移应用能力。

（第一轮研究班级 64 人；第二轮研究班级 55 人）

C 类：角的概念混淆，操作能力较弱。

（第一轮研究班级 8 人；第二轮研究班级 8 人）

由前测数据可知，在两轮研究中，2 个班级的 C 类学生持平，但第二轮执教班级的学生整体高阶思维能力，要略强于第一轮研究的班级。

（二）教学方案设计

基于以上的学情基础，可见大部分学生能正确掌握角的概念，但对于知识的迁移应用、推理能力仍需进一步提升。因此，从前测数据分析出发，本节课制定如表 4-4 所示的教学目标、干预措施及学习支架设计。

表 4-4　教学目标、干预措施、学习支架

教学目标	通过讨论、迁移，归纳量角器量角的一般步骤，掌握用量角器量角的基本技能，会用量角器量不同方向的角，发展空间观念和估测能力。
干预措施	引入"单圈刻度量角器"这一学习支架，学生用单圈刻度量角器测量开口方向相反的角，既避免双圈刻度产生的负迁移，同时思考将零刻度线对齐的办法，发展数学推理的能力。呈现不同层次的差异化学习表现，以差异化表现作为资源促使学生感悟量角器双圈刻度的设计理念的必要性。
学习支架	资源支架：单圈刻度的量角器。

具体的教学设计流程图见图 4。

在复习单元前期知识后，提供学习支架"单圈刻度的量角器"，并在量角活动中归纳量角方法，感悟双圈刻度设计的必要性，从而深化理解双圈刻度量角器的使用方法。

（三）课堂观察的重点与工具

1. 课堂观察重点

（1）由教师进入学习小组进行学习表现的观察。

第一，关注学生在使用学习支架时的具体学习表现，包括采取的测量方法、是否成功完成测量活动、采取该测量方法的原因等。

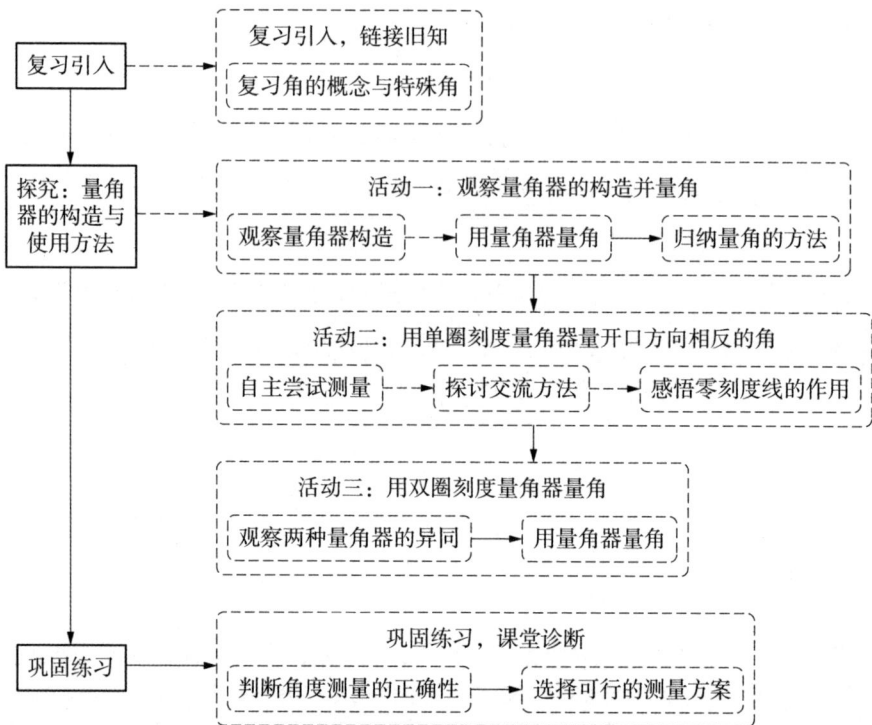

图 4　教学设计流程图

第二,关注学生在使用了学习支架后,再用量角器量角的学习表现,重点观察是否能规范摆放量角器,是否能正确选择内外圈的刻度。

(2) 通过课中、课后的学习数据收集反馈学情。

第一,课中运用"三个助手"平台,实时收集学习数据。

第二,课后通过课后测的数据统计,反映学生的知识达成度。

2. 课堂观察工具

第一,课堂观察记录表,记录学生的典型学习表现。

第二,借助"三个助手"教学平台,捕捉学生的学习数据。

表 4-5　课堂观察记录表

教学设计评价	学为中心 Ⅰ Ⅱ Ⅲ Ⅳ	面向全体 Ⅰ Ⅱ Ⅲ Ⅳ	关注差异 Ⅰ Ⅱ Ⅲ Ⅳ	回应有效 Ⅰ Ⅱ Ⅲ Ⅳ	目标达成 Ⅰ Ⅱ Ⅲ Ⅳ

教学效果评价	主动学习 I II III IV	全员参与 I II III IV	积极思考 I II III IV	个性表达 I II III IV	各有提升 I II III IV
反思调整方案	学生表现				
	存在问题				
	调整思路				

图5 上海市"三个助手"应用平台

3. 研究人员分工

本次课例研究共分教学设计、授课、课堂观察、课后访谈、前后测设计、数据分析、技术支持七个方面。研究团队成员涵盖教研组长、数学教师、网络技术人员等多个层面,具体人员分工如下:

表4-6 研究人员分工安排表

教学设计	沈坷东(教研组长)、四年级全体数学教师
授课	程依依(四年级数学备课组长)、吉殷冶(四年级数学教师)
课堂观察	全体课题研究教师(共8位)
课后访谈	四年级全体数学教师

前后测设计	沈坷东（教研组长）、程依依（四年级数学备课组长）、吉殷冶（四年级数学教师）
数据分析	郑若盈（四年级数学教师）、岳莹（四年级数学教师）
技术支持	陈东珏（网络管理人员）

三、研究过程的展开

（一）第一轮教学实践的问题发现

在第一轮实践研究中，教师按照计划的教学流程开展课堂教学实践，通过后测与课堂观察，我们发现，学生受到直尺测量线段长度经验的负迁移，依旧存在不能正确、规范地使用量角器的现象，尤其是在课后作业完成时，学生依然存在个别对量角器摆放位置混淆的现象。同时在课堂观察中教师也发现，虽然教师给予了学生学习支架，运用单圈刻度量角器进行量角的确促进了学生的课堂参与度，激发了学生的学习兴趣与思考，但对于呈现出的差异化学习表现，教师未引导学生进行进一步的自评与反思，学生的思维是否得到了进一步的发展，不得而知。

在实施干预措施的过程中，课堂实录如下：

【片段】

师：这里还有一个∠3，请你先估一估，∠3是多少度呢？

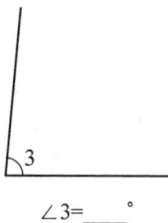

∠3=＿＿＿°

生1：我认为是87°，因为它是一个锐角。

师：现在请你用量角器尝试测量∠3的度数。

学生自主进行测量。

师：接下来，让我们来听一听同学的汇报。

生 2:我先看了角的另一条边是指向 95° 的位置,但是我们要测量的角是在右边的,所以要用 180° 减去 95°,也就是 85°。

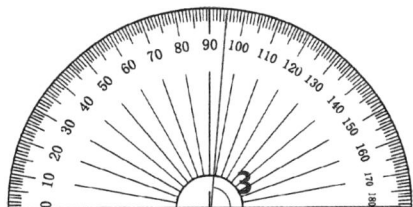

图 6　测量方法:角度计算

师:还有其他方法吗?

生 3:我将学习单旋转过来,对准 0,然后再读数,结果是 85°。

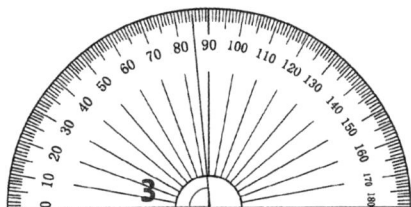

图 7　测量方法:旋转量角器或学习单

师:为什么他要将学习单旋转呢?谁看懂了?

生 4:因为这样才能让零刻度线对齐,就能直接量了。

师:还有其他方法吗?

生 5:我将量角器翻过来,这样零刻度线也是对齐的,再读数,结果是 85°。

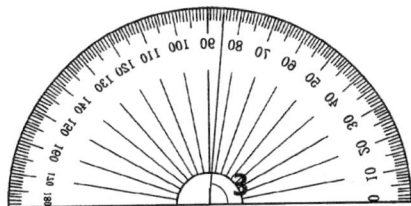

图 8　测量方法:翻转量角器

师:同学们真棒,想了各种各样的方法来解决问题。

通过课堂实录可以看到,对于学生的相异构想,教师的评价是流于形式的,并未充分利用这份课堂资源,来促进学生深度的思考。

(二)第二轮教学实践与迭代效果

因此,在第二轮的教学实践中,教师针对第一轮实践中发现的问题,进行教学设计上的迭代优化,如下表所示:

表4-7 两轮研究中教学环节安排表

第一轮教学实践	第二轮教学实践
环节一:复习引入	环节一:复习引入
环节二:观察量角器的构造	环节二:观察量角器与直尺构造的异同;提供资源支架直尺,进行对照认知
环节三:用单圈量角器量角	环节三:用单圈量角器量角,组织学生对量角方法进行自评、互评;引入元认知支架
环节四:用双圈量角器量角	环节四:用双圈量角器量角
环节五:巩固练习	环节五:巩固练习

首先,在观察量角器构造的教学环节,教师从单元知识结构出发,引入了前期的测量工具直尺,组织学生观察直尺与量角器构造的异同,并复习回忆直尺量线段长度的规范步骤,之后再让学生用量角器量角,并对照直尺测量线段长度的规范步骤,自主尝试迁移、总结量角器量角的规范步骤。

第二,在用单圈量角器测量开口方向相反角的教学环节,在学生展示了不同的测量方法之后,教师组织学生以选择题的形式分别进行一次自评与互评:

选择1:回忆一下,在刚才的测量中,你使用了哪一种方法?( )

A. 旋转量角器或学习单,测量了角的大小。

B. 翻转量角器,测量了角的大小。

C. 使用量角器,并通过$180°-95°$的计算得出角的大小。

D. 其他。

选择2：听了同学的汇报后，你更喜欢的方法是哪个？（　　）

A. 旋转量角器或学习单，测量角的大小。

B. 翻转量角器，测量角的大小。

C. 使用量角器，并通过180°−95°的计算得出角的大小。

对于这样的环节设计，教师预设的意图是让学生在自评的过程中，对比、回忆不同的测量方法，在思考的过程中引发学生的空间想象，也能初步感知、体会量角器上存在内外圈刻度的需求性，强化对于内外圈刻度的感性认识。

综合教师的课堂观察、"三个助手"的学习数据收集以及学生的后测表现，我们发现在迭代改进了教学设计后，学生的学习表现出现了如下的变化：一是通过课堂观察，学生对于量角器的规范摆放方式整体表现较好，有明显改善，可见从单元知识结构出发，将直尺的测量经验迁移至量角器量角的干预措施，对于解决前期知识产生的负迁移是尤为有效的。二是通过"三个助手"平台对学生的自评、互评数据进行了现场收集。

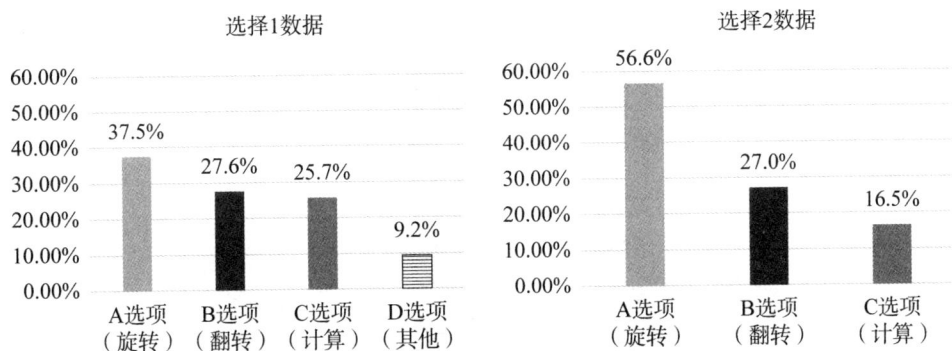

图9 学生自评与学生互评数据统计图

通过数据分析我们发现，在第一次的选择中，37.5%的学生选择了A，即旋转；27.63%的学生选择了B，即翻转；25.66%的学生采用了计算的方法。而到了第二次的选择，A和B的选择比率分别达到了56.58%和26.97%；选择计算的学生减少到了16.45%。根据这样的数据，可以说明通过学生自评过程中的思考，更多学生倾向于运用空间观念的学科能力去解决问题,从而达到与后续教学衔接的目的,即为理解双圈量角器的构造做好铺垫。

四、教学成效的检讨

(一)两轮研究中后测数据的整体对比

在两轮课例研究完成之后,教师基于后测数据,检讨课例研究中作为干预措施的教学策略及提供的学习支架的实施效果。

数据显示,课后测的第3题,对于量角器规范的摆放方式的诊断,第一轮研究的总体准确率为93.8%,而第二轮研究则达到了98.5%,第二轮研究中只有一位同学存在错误。而前一年市层面的数据,学生在这方面的准确率仅为68.5%。

相比较传统的教学方式,本次研究中,教师提供学生学习支架,进行测量工具的逐步过渡,尤其是第二轮研究中还帮助学生经历了将直尺测量经验迁移到量角器量角的学习活动,学生有了知识建构的过程。因此,学生在掌握量角器的规范摆放方式上,相对来说更为扎实,这样的数据在第二轮研究中尤为突出。

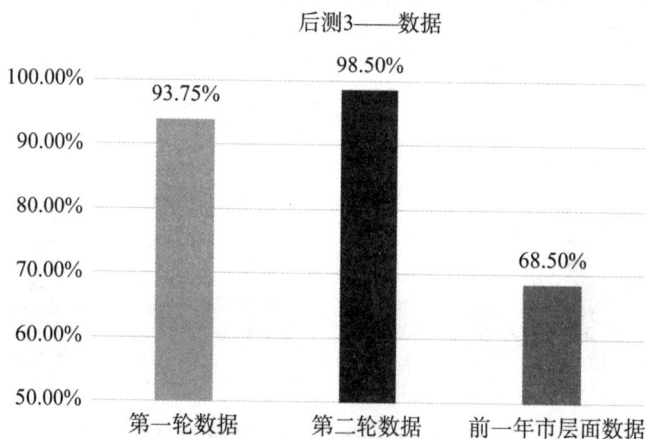

图 10　学生后测 3 数据统计图

(二)前测中三类学生的学习情况汇总

1. 前测中学生分类依据

首先简要阐述学生的分层依据。根据课前测中所设计的练习,第一大题与第二大题分别诊断了学生是否已经正确认识本堂课的测量对象"角",以及能否正确进行角的大小比较,即对于角的认识是否正确。若连这两点都无法正确认识,那么测量也就无从谈起,这样的学生归为C类,即在测量前没有正确认识测量对象。

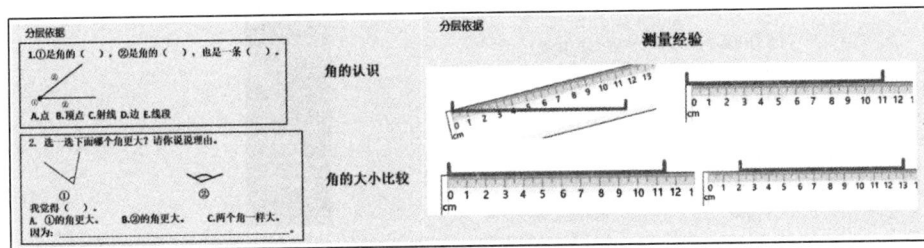

图 11　前测练习诊断指向

在正确认识测量对象的前提下,学生前期的操作经验来源于用直尺测量线段的长度,在第3题对用直尺测量线段的操作步骤规范性的诊断上来看,能正确识别第4题操作方式的学生归为A类,因为这类学生不但正确掌握了直尺测量线段的方法,并且他们的思维层次也更进一步,能在摆放方式发生变动的情况下,依旧对数据作出正确的计算。其余学生归为B类。

2. 学生学习数据汇总与分析

以下为3类学生在后测中的表现:在课后测第4题中,由于C选项的错误归因是内外圈的选择错误,因此首先重点关注C选项的数据表现。两轮研究中A类学生基本不存在错误,而B类和C类学生的数据如下表所示:

表 4-8　三类学生后测 4 数据统计表

	第一轮研究 C 选项错误率	第二轮研究 C 选项错误率
B 类学生	12.5%	7.3%
C 类学生	23.81%	12.5%

B类学生第二轮研究要比第一轮研究错误率低5个百分点;而C类学生第二轮则比第一轮研究低了11个百分点。

该数据相对能够说明问题,可见第二轮研究中采取的干预措施,能促使学生对于

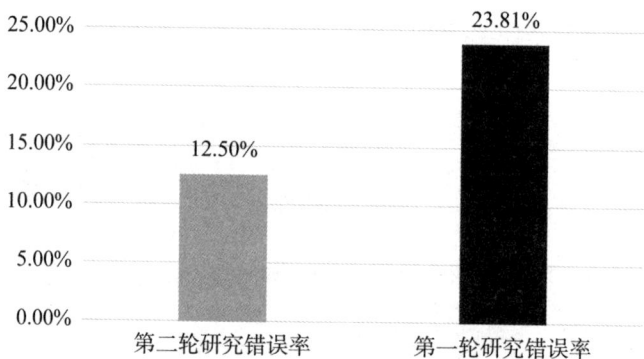

图 12　C类学生C选项错误率

内外圈刻度产生的理解更为深入,在使用量角器量角时,也会相对更为关注内外圈刻度的选择。与此同时,我们发现第二轮研究中C类学生错误,更聚焦于B选项,即读数时对于数据变化的趋势无法正确判断,这方面弱于第一轮研究中的学生,因此后续的学习过程中,还是要更为强调帮助学生突破数据变化趋势的判断。

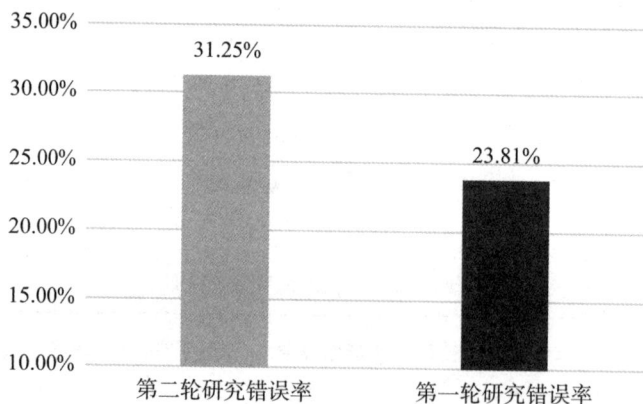

图 13　C类学生B选项错误率

五、研究结论与启示

(一)经验收获

1. 立足知识结构,研判认知基础

从学科核心概念出发,立足整体性的知识结构,设计前测内容,从而更为科学地研判学生的认知基础。在本节课中,教师不仅仅设计了单元中前一课时的知识前测,更是从"度量"这一核心概念出发,纵览十册教材中的"度量"相关内容,发现线段长度的度量是学生前期已有的度量经验,对于直尺这一度量工具学生已经具备了使用的经验,因此在前测设计中,教师加入了直尺测量线段的内容检测,通过直尺测量线段的题型来检测学生在前期度量中的学习经验与思维品质。

2. 基于认知基础差异,提供适切学习支架

遵循以学定教的原则,针对不同的差异类型,归纳并梳理不同类型的支架所匹配的差异类型。

表4-9　学习支架汇总表

支架类型	支架作用	匹配差异类型
情境型支架	通过创设真实或模拟的情境,帮助学生理解学习目标并激发兴趣。	学生由于生活经验不同所产生的经验差异。
问题支架	设计层次性问题链,逐步引导学生思考。	学生的认知水平差异。
工具型支架	利用图表、模型、软件等辅助工具提升学习效果。	学生在推理意识、几何直观、空间观念等核心素养上的差异。
任务型支架	将复杂任务分解为可操作的子任务,明确步骤与资源需求。	学生的问题解决能力差异。
资源型支架	提供与任务相关的资源或学具。	学生由于前期知识或核心能力所产生的学习起点差异。
元认知支架	通过评价支持学生自我反思改进。	学生在学习过程中生成的思维品质差异。

（二）研究反思

1. 兼顾数学知识习得与学科思想渗透

在本次课例研究中,学习支架的提供确实促使不同层次的学生都能在"量角器内外圈刻度"的选择这一难点上有所突破和进步。但由于引入了单圈刻度量角器量角的

环节，学生更多的学习时间集中于对测量方法的思考以及对量角器本身设计理念的理解，对于"读数"的练习巩固比重有所弱化，因而更多学生反而出现了"无法正确判断数据发展的趋势"这一错因。因此，如何兼顾知识技能与学科思想方法的同步发展，是后续研究还要进一步思考的。

2. 对学习支架设计与学情差异匹配的思考

学习支架的设计应当与学生的认知基础相匹配，从而确保每一个学生都能在自己的最近发展区上达到潜在的发展水平。因此，如何根据诊断性评估的结果，来动态地调整学习支架，逐步撤去或增加支持，这其中的方法与策略是需要进一步探索与归纳的，尤其是在教学评一体化的背景下，基于学生的课堂生成性资源，即时地为其提供适切的支架类型，促使其进一步的深度思考，这是后期研究亟待突破的点。

（课例研究报告撰写者：上海理工大学附属小学　沈坷东）

第二节
课例研究成果的推广转化应用

中小学教师从事教育科研,与专业研究者做教育科研,最大的不同点在于,前者必须着眼于实际问题解决,要将研究成果运用于教育实际。[①] 中小学教师的教育科研更多的是问题导向和实践指向的,因而要探索多元路径形式将研究成果应用于日常的教育教学实践中,这一部分主要介绍的是课例研究成果转化应用的视角以及转化应用的实例。

一、课例研究成果的应用视角

(一) 基于课例研究的教研文化改进

有研究者提出中式课例研究是用科研的方式做教研。中式课例研究能够从以下四个方面改善学校教研的形态和文化。[②]

一是对教研活动策划与选题的改进,教研活动通常有教研主题,然而教研主题并不等同于研究问题,要从明确教研主题背后的研究问题开始,进而不断聚焦研究重心。

---

① 郑金洲.教师如何做研究(第二版)[M].上海:华东师范大学出版社,2012:19.
② 杨玉东.用科研的方式做教研:以中式课例研究改善学校教研形态和文化[J].中国基础教育,2024
(09):68—70.

二是对教研活动规划与设计的改进,要做整体性的阶段架构和分阶段的系统思考。首先,在教研程序上,借鉴中式课例研究流程,需要在预研究阶段、研究实施阶段和研究总结提炼这三个阶段分别架构系列教研活动。其次,在教研方法上,需要对每个阶段采用何种具体的方法进行提前设计与布局。

三是对教研活动实施与推进的改进,在围绕证据循环改进中应关注课堂教学"教"这条明线和问题解决"研"这条暗线齐头并进和彼此支撑。

四是对教研活动结果和结论的改进,要注重以研究的眼光审视教研成效。首先,对教研效果的衡量要区分看待教研的结果与教研的结论。其次,对教研效果的衡量要重点强化研究结论的理性表达,关注其未来的可迁移性效用。

(二)课例研究成果转化的多元视角

对于课例研究成果的推广应用,有研究者针对研究成果转化的静态观和单一视角,以视角变迁为核心线索提出了课例研究成果转化的多重视角。①

一是成果应用视角:把课例研究作为教学改进的工具,解决课堂教学中的实际问题。

二是课程化视角:把课例研究转化为区域教师研修课程,作为推进教研训一体化的重要路径。

三是实践共同体视角:把课例研究视作教师学习组织的孵化器,培育多层次的教师学习共同体。

二、课例研究成果的应用探索

(一)以课例研究推进课堂教学变革

在上海市杨浦区提升中小学(幼儿园)课程领导力行动研究项目(2016—2020 年)

----

① 王丽琴,郑新华. 课例研究成果转化的视角变迁、实践重构与运作机制[J]. 上海教育科研,2024
(07):38—44.

中,项目研究团队围绕课程文本、课堂转型、课例研究这三大关键点,即以课程文本为实践载体,以课堂转型为变革愿景,以课例研究为主要方法,建构了区域提升学校课程领导力的行动框架,出版了专著《课程领导力视域下的课例研究》①,该研究成果获2014—2020年上海市教育科学研究优秀成果奖二等奖。

在开展课程领导力视域下的课例研究基础之上,杨浦区在新一轮提升中小学(幼儿园)课程领导力行动研究项目(2021—2025年)中接续启动了以学习为中心的课例研究。2024年,为了及时总结提炼项目实验学校和教师的个性化思考与迭代化设计,同时进一步接续上一轮项目推进过程中项目实验校在课例研究中所取得的优秀经验与实践智慧,促进项目实验校、专家团队、总项目组间的分享交流,杨浦区又启动了以学习为中心的课例研究报告征集评选活动。

以学习为中心的课例研究是学生学习研究和课堂教学研究一体化的研究,即将学生学习和教师教学视为有机的整体。上海市杨浦区以实现区域课堂变革为愿景,依托以学习为中心的课例研究,积极推进学校课堂文化实现从"以教为中心"到"以学为中心"的教学样态变革,探索实现以学生立场、生活指向、创造旨趣为特征的课堂文化重构。

在高校专家学者的指导下区域层面探索建构了一个动态循环、系统集成的课例研究实践模型,努力为教师开展以学生学习为中心的课例研究提供现实的路径方法和操作流程。这个课例研究实践模型涵盖了研究主题确立、规划研究设计、实施课堂观察、开展课后研讨和形成研究报告等五大环节。五大环节共同指向并服务于以学习为中心,并设有简要的原则提示,如在研究主题确立时要遵循教学合一的原则,在规划研究设计时要遵循因学设教的原则,在实施课堂观察时要以学观教,在开展课后研讨时要以学论教,在形成研究报告时要依学改教。同时,每个核心环节均匹配有明确的操作要点指引和多元的研究工具支持,为教师开展以学习为中心的课例研究提供了切实有效的助力。

目前,上海市杨浦区初步建构了一个区校联动的课例研究生态,区域层面提供专业引领、政策支持和资源保障,学校层面搭建实践平台和反馈机制,教师层面提供创新

---

① 卜健,周梅.课程领导力视域下的课例研究[M].上海:上海教育出版社,2020.

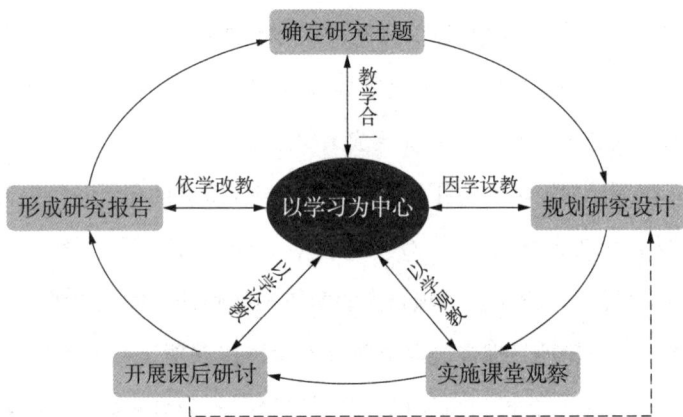

图 4-1 以学习为中心的课例研究实践模型

动力和实践智慧,协同促进课例研究成果的快速落地和有效转化,实现课例研究成果的持续迭代更新,不断推动以学习为中心的课例研究向前发展。

(二)课例研究成果的区域转化应用

上海市浦东新区开展课例研究已有 20 年的历史。上海市浦东新区在将课例研究成果进行区域转化应用时历经了三大阶段:第一阶段的转化应用重心在于理论成果的应用,在这个阶段课例研究的主要作用是解决教研问题的载体或工具。第二阶段的转化应用重心在于课程化,即面对区域内教师的专业发展需求,建构了区域课例研究研修模式。第三阶段的转化应用重心为学习组织的孵化与建构,即伴随青年教师的大量涌入与教师学习方式的转化,依托课例研究建构了众多实践研究共同体。上海市浦东新区课例研究团队形成的核心成果是建构了具有浦东特色的区域课例研修模型(如图4-2)。①

同时,研究团队探索构建了课例研究成果区域转化的三大机制②:一是跨界学习

---

① 陆君珍,王丽琴.基于课例研究的区域幼教教研实践探索与模型初建[J].上海教师,2021(2):52—53.

② 王丽琴,郑新华.课例研究成果转化的视角变迁、实践重构与运作机制[J].上海教育科研,2024(07):42—44.

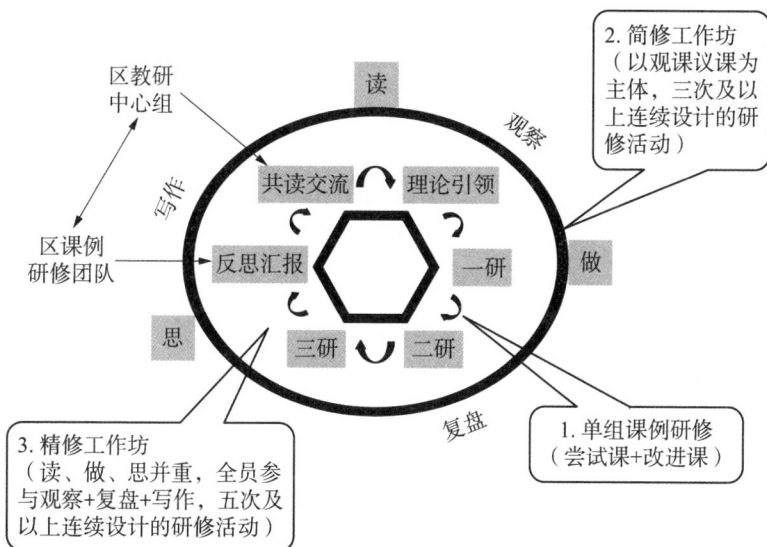

图 4‑2 上海市浦东新区的课例研修模型

机制,二是"立己达人"合作机制,三是学习空间建构机制。上海市浦东新区的课例研究成果转化实践带给我们以下三点启示:启示之一,区域研究成果的转化应用经历了"理论应用—课程开发—组织孵化"的阶梯式升级,最终实现校本内生发展,体现了由外部激发到内部创生的实践历程。启示之二,通过跨主体、跨学科的跨界融合推进学术理论、政策导向与实践需求的三维互动,使之成为成果持续转化的核心动力。启示之三,通过构建社会学习空间,营造开放式合作环境,探索将课例研究从技术工具升华为教师的专业生活方式。

研究展望

为推动学生学习研究成果切实转化并赋能教学实践改进,中小学教师深化学习研究需聚焦三大关键方向:弥合理论与实践断层、贯通技术应用链路、构建协同生态网络。这要求我们不仅要聚焦于如何将中小学教师对学习科学的认知与意愿有效转化为可操作、可持续的闭环研究实践,更要破解前沿技术与学习科学成果向一线常态化研究下沉的壁垒,并最终在动态追踪与生态协同的框架下构建起支撑学习研究持续深化与迭代的体系。具体而言,对于学生学习研究后续可以关注并优化以下研究维度:

一是,构建"知—行—效"闭环体系,弥合认知与实践的落差。

现有研究显示,中小学教师对学生学习研究普遍存在"高度认同"与"实践落差"的矛盾。未来工作需聚焦于如何将教师的学习科学认知与研究意愿,有效转化为持续深入的研究实践,并最终驱动学生学习效果提升。重点在于探索构建更有效的支持系统,例如设计更精准的实践支架、建立更灵活的研究共同体运作机制、开发更轻量化的数据收集工具。这些支持旨在帮助教师将研究无缝融入日常教学,形成"发现问题→研究干预→评估效果→改进实践"的实践研究闭环,切实缩小认知与行动差距,并追踪研究行为对学生学习成效的具体影响。

二是,融合新兴技术与学习科学前沿,驱动研究方法的创新应用。

虽然研究提出了采用多元方法和探索新兴方法,但是如何将技术驱动的前沿方法真正"下沉"到一线教师的常态化研究中仍面临巨大挑战。未来需着力突破技术门槛高、数据分析复杂、与教学场景适配不足等瓶颈问题。一方面,需要开发低门槛、用户友好、易用且深度嵌入课堂场景的智能研究工具，如简易课堂互动分析、学习行为自动捕捉系统；另一方面，需要深化对学习科学最新成果，如认知机制、元认知发展、社会情感学习的转化应用研究，引导教师不仅应用新工具，更能基于前沿理论提出研究问题、解读数据，从而提升研究的科学性与解释力，确保方法创新服务于对学习本质的深度理解。

三是，聚焦动态生态化发展，构建学习研究内容体系与实践网络。

现有研究已经从素养培育、学习要素和学习过程三个维度构建了学生学习研究的内容框架，并积极关注在真实情境中解决真实问题。未来研究需要更加强调学生学习研究内容的动态性与生态性。动态性体现在加强对学生学习轨迹的追踪研究，关注关键能力，如批判性思维、问题解决的长期发展过程及其影响因素；探索不同学段、学科背景下的学习特征差异与迁移。生态性体现在超越单一的课堂或学校环境，探索将研究视野拓展至家庭、社区、数字环境等更为广阔的教育生态；探寻如何在复杂、多变的教育生态系统中协调多方资源，构建支撑中小学教师持续开展学生学习研究的协同网络和长效机制，最终实现 以学习研究驱动学习生态的整体优化。

附录
中小学教师开展学生学习研究的调查问卷

尊敬的老师：

您好！为全面了解中小学/幼儿园教师开展学生学习研究的现状及需求，特开展此次问卷调查。

本调研中的学生学习研究是广义而言的，既包括教师在日常教育教学中对学生学习所进行的学情分析、观察记录、教学反思等，也包括以学生学习为主题开展的课题研究等。

此问卷不涉及对您以及所在学校的任何评价，仅供研究之用，希望您能结合自身实践和感受作答。我们将严格遵守相关研究伦理和保密要求。此问卷大约需要8分钟时间，感谢您的支持！

一、基本信息

1. 您的性别

(1) 男　(2) 女

2. 您的教龄

(1) 1年(含)以下　(2) 1—5年(含)　(3) 5—10年(含)　(4) 10—15年(含)

(5) 15—20年(含)　(6) 20—30年(含)　(7) 30年以上

3. 您的学历

(1) 大专及以下　(2) 本科　(3) 硕士研究生　(4) 博士研究生

4. 您的职称

(1) 未评级　(2) 二级(小一)　(3) 一级(小高)　(4) 高级　(5) 正高级

5. 您目前的主要职务

（1）正副校长或书记　（2）教导/德育/科研/师训主任　（3）教研组长/年级组长/备课组长　（4）普通教师　（5）其他_____

6. 您任教的主要学段

（1）小学低年段（1—2年级）（2）小学中高年段（3—5年级）（3）初中　（4）高中

7. 您任教的主要学科

（1）道德与法治（思想政治）（2）语文　（3）数学　（4）外语　（5）历史　（6）地理　（7）科学　（8）物理　（9）化学　（10）生物学　（11）信息科技　（12）体育与健康　（13）艺术（音乐、美术、舞蹈、戏剧、影视等）（14）劳动　（15）综合实践活动（16）其他_____

二、对学生学习和学生学习研究的认识

8. 以下关于学生学习的观点，您的认同程度

	1—5分，分值越高越认同
8—1　虽然学生是学习的主体，但教师的引导更重要（学习主体）	
8—2　学生学习主要是为了满足学生的个人兴趣和成长需要（学习动机）	
8—3　成为未来社会所需要的人才比获得优异的学业成绩更重要（学习动机）	
8—4　学会解决问题比习得知识技能更重要（学习目标）	
8—5　不论教育教学如何改革，知识都是基础性的学习目标（学习目标）	
8—6　跨学科主题学习是落实核心素养培育的重要方式（对跨学科主题学习重要性的认识）	

	1—5分，分值越高越认同
8—7 通过布置分层作业可以弥补学生学习差异（学习差异）	
8—8 创设支持学生学习的学习环境，主要责任在学校，不在教师（学习支持）【反向】	
8—9 信息技术对学生学习的促进作用并不明显（学习支持）【反向】	
8—10 教师对学生的态度比教师的专业能力更重要（教师在学生学习中的作用发挥）	

9. 以下关于学生学习研究的观点，您的认同程度

	1—5分，分值越高越认同
9—1 研究学生学习应该成为教师的自觉行为（必要性）	
9—2 教师对学生学习情况的了解决定了教学效果（必要性）	
9—3 研究学生学习的能力是教师专业素养的重要组成部分（必要性）	
9—4 研究学生学习的主体应该是专业的研究人员，不应该是教师（开展学生学习研究的主体）【反向】	
9—5 跨学科主题学习活动的设计与实施，不是学科教师的工作职责（对跨学科主题学习研究主体的认识）【反向】	

三、研究学生学习的实践情况

（一）通识性问题

10. 您平时研究学生学习的具体做法

	1—5分,分值越高越符合
10—1　我会有意识地收集学生学习的信息	
10—2　我会通过个人经验判断学生学习情况【暂不分析】	
10—3　研究学生学习时我有明确的研究主题	
10—4　我会用专业的研究方法研究学生学习	
10—5　我会将学生学习研究的结果运用于教学实践	

11. 研究学生学习时,您主要关注哪些内容(限选 4 项)

(1)学习动机　(2)学习风格　(3)学习方式　(4)学习差异　(5)学习成果
(6)学习评价　(7)情感支持　(8)学习环境　(9)其他_____

12. 您平时主要通过哪些方式研究学生学习(限选 2 项)

(1)日常观察　(2)理论学习　(3)总结反思　(4)同伴交流　(5)课题研究
(6)其他_____

13. 您通常会如何运用学生学习研究的结果(限选 2 项)

(1)只是形成成果,没有应用成果　(2)改进教育教学实践　(3)校内交流分享
(4)市区及以上范围内成果推广　(5)其他_____

(二)情境化问题

【教学】

14. 开展学情分析时,您主要关注哪些内容(限选 3 项)

(1)知识基础　(2)认知水平　(3)学习习惯　(4)学习动机　(5)学习困难
(6)学习差异　(7)其他_____

15. 您主要使用哪些方法开展学情分析(限选 3 项)

(1)经验判断　(2)理论分析　(3)课堂观察　(4)课前小测试　(5)问卷调查
(6)与学生交流　(7)其他_____

16. 您在课堂上主要关注学生哪些学习表现(限选 2 项)

(1)出勤情况　(2)课堂参与　(3)学习成果　(4)学习困难　(5)学习差异

(6)其他_____

17.您在课堂上主要使用哪些方法收集学生学习表现(限选2项)

(1)录音录像 (2)课堂观察 (3)布置随堂练习 (4)开展小组活动 (5)其他_____

18.您是否开展过跨学科主题学习活动(选择"2"需说明原因,同时自动跳过19题)

(1)是 (2)否(请说明原因)_____

19.您开展的跨学科主题学习活动的主要类型

(1)有一门主导学科,学科内的跨学科主题学习活动 (2)有两门主导学科,学科间的跨学科主题学习活动 (3)无主导学科之分,聚焦某一活动主题的跨学科主题学习活动 (4)其他_____

20.您布置作业时的常用形式(限选2项)

(1)书面作业 (2)口头作业 (3)动手操作类作业 (4)社会实践类作业 (5)综合应用类作业 (6)其他_____

21.您是否会根据学生学习差异布置分层作业

(1)是 (2)否

22.您通常如何运用作业反映的学习信息(限选2项)

(1)作为学生个别辅导的依据 (2)作为学情分析的依据 (3)作为调整原有教学设计的依据 (4)作为教师课后反思的依据 (5)作为新一轮作业设计的依据 (6)其他_____

【教研】

23.您参加各层面(市区校)组织的有关学生学习的教研活动频率

(1)每周1次 (2)每月1—3次 (3)每学期1—3次 (4)每学年1次 (5)其他_____

24.您参加过的有关学生学习的教研活动方式(限选3项)

(1)听课评课 (2)集体备课 (3)公开教学 (4)专题研讨 (5)报告讲座 (6)教材编写 (7)其他_____

25.您参加过的有关学生学习的教研活动主题(限选4项)

(1)课标与教材研读 (2)学情分析 (3)学习活动设计 (4)跨学科主题学习

（5）作业设计　（6）考试评价　（7）考试结果分析　（8）其他_____

26. 您参加过的、最具代表性的有关学生学习的教研活动主题或名称是_____

【科研】

27. 您是否参加过以学生学习为主题的课题研究（选择"2"则自动跳过28、29、30、31题）

（1）是　（2）否

28. 您参加过的有关学生学习的课题研究数量

（1）1项　（2）2—3项　（3）4—5项　（4）6项及以上

29. 您参加过的有关学生学习的课题研究主题（限选2项）

（1）学习活动设计　（2）作业设计　（3）学习评价　（4）学习支持　（5）学习环境　（6）其他_____

30. 您参加过的有关学生学习的课题研究，主要使用的方法（限选4项）

（1）文献研究　（2）调查研究（问卷、访谈、观察）　（3）案例研究　（4）行动研究（5）视频分析　（6）话语分析　（7）经验总结　（8）马赛克法　（9）其他_____

31. 您参加过的、最具代表性的有关学生学习的课题名称是_____

四、研究学生学习的困难与需求

32. 教师开展学生学习研究的主要困难（限选4项，并从高到低排序）

（1）缺少研究时间　（2）缺少研究方向　（3）缺少专家引领　（4）缺少方法指导（5）缺少经费支持　（6）缺少制度保障　（7）缺少研究团队　（8）缺少研究氛围（9）缺少研究平台　（10）其他_____

33. 对于学生学习研究您想重点了解的内容（限选3项，并从高到低排序）

（1）学生学习的一般规律　（2）学习研究的发展趋势　（3）学习研究的主要内容（4）学习研究的常用方法　（5）学习研究的典型案例　（6）学习研究的成果呈现（7）其他_____

34. 对于学生学习研究您更倾向选择的研究对象（限选3项）

（1）学生个体　（2）学生小组　（3）整个班级　（4）整个年级　（5）整个年段（低、中、高）　（6）整个学校　（7）其他_____

35. 您希望在什么层面开展学生学习研究（限选2项）

（1）独立研究 （2）教研组/年级组/备课组 （3）学校 （4）区域 （5）市级及以上 （6）其他_____

36. 对于学生学习研究您想和谁一起合作(限选4项)

（1）高校专家 （2）教研员 （3）科研员 （4）学校教研组/年级组/备课组 （5）学生 （6）家长 （7）社区 （8）其他_____

37. 您希望通过什么方式开展学生学习研究(限选2项)

（1）日常观察反思 （2）课题研究 （3）校本研修 （4）区域教研 （5）其他_____

38. 对于跨学科主题学习您希望了解的内容(限选3项,并从高到低排序)

（1）设计要素 （2）实施路径 （3）方式方法 （4）典型案例 （5）成果呈现 （6）评价方式 （7）研究资源 （8）其他_____

39. 对于学生学习研究您希望获得的支持(限选4项,并从高到低排序)

（1）专家指导 （2）课题引领 （3）选题指南 （4）方法指导 （5）项目驱动 （6）研修课程 （7）经费支持 （8）制度保障 （9）团队合作 （10）其他_____

40. 对于学生学习研究您希望的成果形式(限选3项,并从高到低排序)

（1）案例 （2）课例 （3）研究论文 （4）研究报告 （5）实物(教具、学具等) （6）课程 （7）其他_____

41. 对于教师开展学生学习研究,您还有哪些具体意见或建议

_____